CANNES

ET SES ENVIRONS

PARIS. — IMPRIMERIE DE SIMON RAÇON ET COMP., RUE D'ERFURTH, 1.

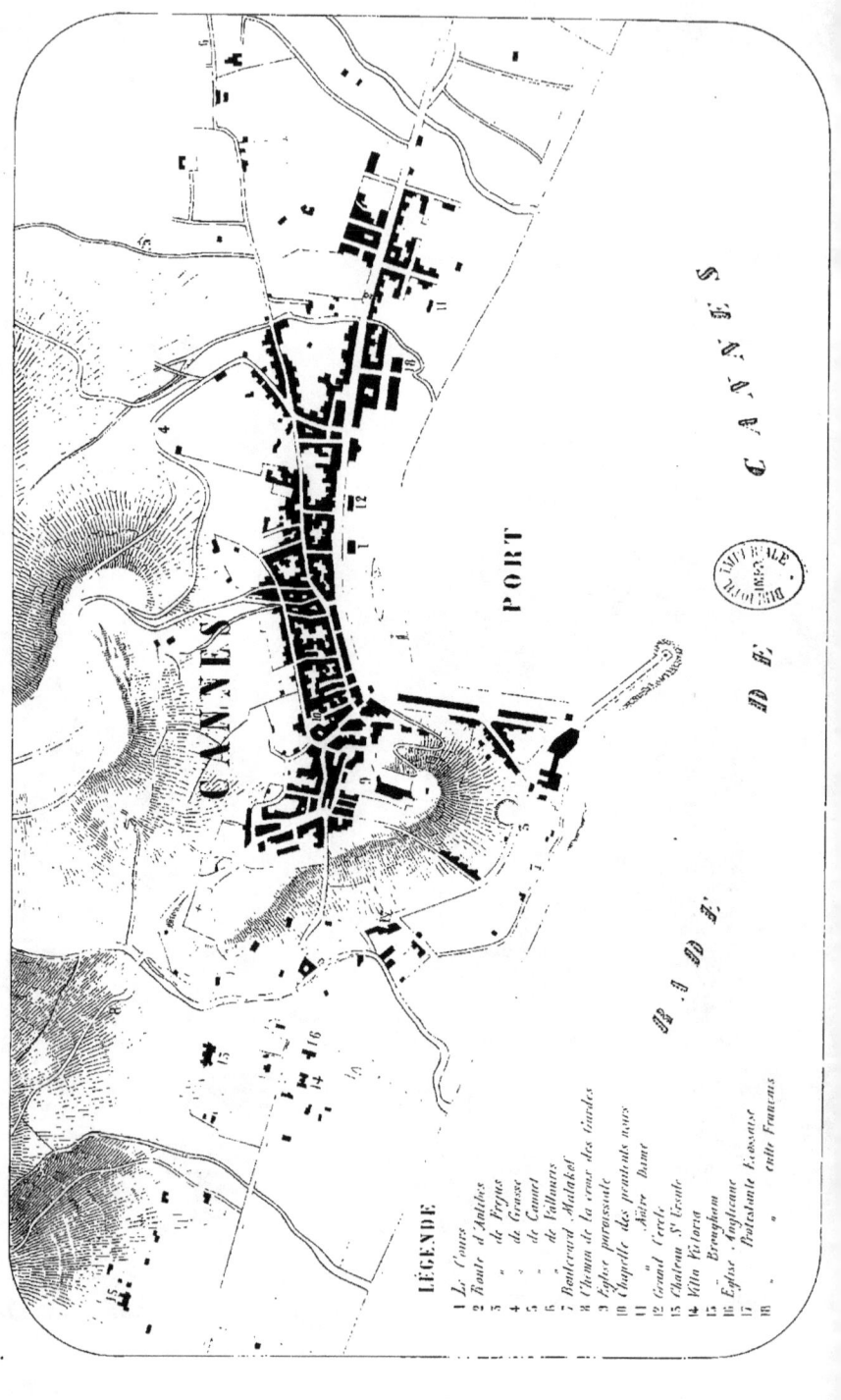

CANNES

ET SES ENVIRONS

GUIDE HISTORIQUE ET PITTORESQUE

PAR J. B. GIRARD

ILLUSTRÉ
DE GRAVURES SUR BOIS REPRÉSENTANT LES PLUS BEAUX SITES DU PAYS

DESSINÉS D'APRÈS NATURE ET GRAVÉS
PAR ALP. BARESTE

CONTENANT
UNE NOTICE MÉDICALE DU DOCTEUR SÈVE
ET DES CONSIDÉRATIONS CLIMATÉRIQUES PAR LE DOCTEUR WHITLEY

> Pardonnez-moi s'il y a que redire
> En ce livret, lequel e vous envoie;
> Meilleur l'avriez se meilleur je l'avoie.
> (Louis de Beauvau, *grand sénéchal de Provence.*)

PARIS
GARNIER FRÈRES, LIBRAIRES-ÉDITEURS
6, RUE DES SAINTS-PÈRES, ET PALAIS-ROYAL, 215

A CANNES	A NICE
CHEZ MM. GIRARD ET BARESTE	CHEZ VISCONTI, LIBRAIRE

1859

Tous droits de traduction et de reproduction réservés.

CANNES.

INTRODUCTION

La jolie petite ville de Cannes, naguère encore inconnue des voyageurs et des touristes, est étendue mollement couchée sur un lit de sable, au fond d'une baie délicieuse, entourée de citronniers et d'orangers, au milieu d'un bois d'oliviers, de cactus, d'aloès et de jujubiers; les vagues bleues de la Méditérannée viennent baigner ses pieds, et pour modérer leur impétuosité bruyante, la nature a placé en face de ce joli golfe deux îles verdoyantes et fleuries, comme deux corbeilles de fleurs à demie submergées. Ces deux terres amies ne sont pas seulement une barrière naturelle où les ouragans viennent expirer : elles sont encore la fortune de Cannes, par les souvenirs historiques qu'elles renferment, par les monuments séculaires dont elles sont parsemées, par les promenades charmantes que tout le monde veut y faire et dont on ne se lasse jamais. Aussi les voyageurs et les touristes qui entreprennent le voyage d'Italie par la frontière du Var n'ont jamais pu franchir les grandes chaînes de l'Esterel sans tomber dans une profonde admiration, en contemplant la magnificence du paysage qui se déroule à leurs pieds. Ces pentes rapides toutes bordées de précipices sans fonds, de basaltes gigantesques qui forment l'ensemble de ces montagnes, cette nature sauvage et abrupte, contrastent d'une manière heureuse avec la splendeur du paysage que l'on admire. Ce tableau ravissant vous transporte sur les rivages de l'Attique, avec ses côtes déchiquetées, toutes hérissées de roches gigantesques, au milieu de ses forêts de chênes-liéges et d'oliviers séculaires, que les frimas ont toujours respectés, avec ses bois embaumés de citronniers, de lauriers-roses, d'orangers, d'arbousiers, toujours en fleurs, toujours en fruits, paysages aux tons chaudement accentués, qui font croire à l'Italie et à l'Espagne; et pourtant toutes ces merveilles de la nature, cette profusion de lumière en plein hiver, c'est encore la France, c'est encore la patrie !

Aussi le touriste et le malade, qui l'un et l'autre cherchent le soleil et la chaude nature, s'arrêtent aujourd'hui frappés d'admiration devant toutes ces merveilles méridionales, l'un pour s'inspirer à cette source de poésie et de grandeur, l'autre pour respirer la santé et la vie au milieu de cette terre promise, sous le ciel toujours bleu. Où trouver en effet une hospitalité à la fois compatible avec l'art et la santé? Ce n'est point au milieu des grandes villes, dans les bals et dans les fêtes, que l'art s'inspire; ce n'est point au milieu des casinos et des amoureuses rencontres que la santé se rétablit : ce qu'il faut à l'artiste et au malade, c'est le recueillement et le repos, c'est la vie de famille, c'est la petite ville où la nature a tout fait, où l'art s'est modelé sur cette nature grandiose et a enfanté mille créations capricieuses, qui donnent à ce coin de terre privilégié un cachet unique.

Pendant que le voyageur se livre à tous ces élans d'admiration pour les sites qui l'environnent, la diligence ou la chaise de poste a fini de descendre les côtes escarpées de la montagne; on arrive dans la plaine de Laval : c'est le matin, au moment où l'oiseau secoue sa plume humide de rosée, où le laboureur attelle ses bœufs à la charrue, où la cloche du village sonne l'Angelus, où les vapeurs blanches du matin s'élèvent embaumées de cette terre de parfums et de fleurs, comme un encens vers le Créateur de toutes choses; c'est l'aurore avec ses couleurs les plus suaves, dorant de ses premières teintes une forêt de châ-

CHATEAU ÉLÉONORE-LOUISE (VILLA BROUGHAM).

teaux et de tourelles, de minarets et de villas, qui se dessinent dans le lointain à travers les premières lueurs du jour et qui donnent aux sites qui vous entourent quelque chose de fantastique et d'oriental. Au milieu de cet essaim de constructions modernes de tous les styles, on remarque la villa Brougham, au milieu d'un bois d'orangers et d'oliviers, entourée d'une grille aux lances d'or ; c'est là que le savant jurisconsulte de l'Angleterre a posé sa tente ; il découvrit, il y a tantôt vingt-cinq ans, la jolie ville et l'adopta ; elle avait attendu, pour grandir, le passage d'un parrain digne d'elle, elle ne pouvait mieux choisir. Depuis ce temps, savants, touristes, philosophes, peintres, génies de tous genres, sont venus se grouper autour du grand patron de la jolie ville de Cannes ; tous veulent avoir leur Tusculum autour de ses murs, demeures tranquilles où le corps se repose, où l'intelligence travaille, où la santé, ruinée par les luttes parlementaires des hommes d'État, par les labeurs opiniâtres de la science, se rétablit ou s'améliore toujours.

Aussi dirons-nous à ceux qui souffrent : Venez essayer de ce climat bienfaisant, venez respirer cet air si pur, ce soleil si chaudement vivifiant qui produit journellement de si grands miracles ; à ceux qui pensent : Accourez, venez vous inspirer auprès de cette nature grandiose qui séduit, qui ensorcelle, et vous ferez comme tant d'autres, vous deviendrez citoyens de la colonie nouvelle, vous voudrez avoir votre coin de terre à ce foyer qui réchauffe l'âme et le corps, et vous oublierez peut-être vos brumeuses patries.

En attendant, nous allons essayer de vous introduire au milieu de cette terre promise, en vous racontant son histoire, un peu longue parfois, un peu fastidieuse; mais n'en faites pas supporter le blâme à cet heureux pays, et ne vous en prenez qu'à l'auteur lui-même, qui n'aura pas su profiter des matériaux précieux qu'il renferme.

LE SUQUET.

CHAPITRE PREMIER

Origine de Cannes. — Les Oxibiens et les Grecs. — Les Ligures, les Ibères et les Gaulois. — Mœurs, caractères, religion. — Les druides.

Cette magnifique contrée, bornée à l'ouest par les montagnes de l'Estérel qui la défendent du mistral, ce fléau de la Provence, où tout est culture aujourd'hui, où la terre récompense si largement le cultivateur de son travail, ne fut dans les premiers temps, d'après Suétone, qu'une mère ingrate pour ses habitants. Nous allons essayer de reconstruire le passé de ce beau pays, et de conduire le lecteur au milieu de ces grandes familles humaines qui ont foulé notre sol et auxquelles la nature a imprimé une physionomie particulière, qui se fait reconnaître encore, quoique affaiblie et modifiée après un laps de temps immense. Notre tâche sera facile, d'ailleurs, par les documents nombreux que les historiens anciens nous ont légués; car l'histoire des peuples dont l'origine se perd dans la nuit des temps exerce d'autant mieux la sagacité des savants et donne naissance aux recherches les plus laborieuses, aux systèmes les plus ingénieux, pour expliquer leur passage et désigner les lieux où ils ont vécu, bien que les traces de leur existence ne soient marquées le plus souvent que par des monuments insignifiants de leur gloire.

Heureusement, malgré les ténèbres épaisses qui couvrent le berceau des premiers peuples, tant de savants des premiers âges se sont occupés de reconstruire ce passé, que nous retrouvons dans une chaîne non interrompue d'événements historiques la trace des sociétés qui nous ont précédés.

Nous ne saurions dire pourtant que tous les faits que nous trouvons consignés dans ces grandes annales de l'humanité soient d'une rigoureuse exactitude, que les livres religieux où les historiens puisent quelquefois leurs renseignements et leurs inspirations ne soient le plus souvent entourés de fictions audacieuses, où le romanesque l'emporte le plus souvent sur la vérité; mais ce que nous pouvons dire avec raison, c'est que, dans quelques contrées privilégiées, la civilisation ayant fait des progrès plus rapides, l'histoire commença plus tôt, et que les auteurs grecs et latins, par exemple, nous ont transmis des documents précieux sur les peuples dont ils ont été les contemporains ou les successeurs ; aussi avons-nous puisé largement à ces grandes sources, à ces traditions d'une prodigieuse antiquité.

Nous appuyant donc sur ces travaux entrepris par des hommes d'une instruction si remarquable, tels que Pline, Strabon, Suétone, Polybe, etc., etc., nous allons essayer de faire connaître le peuple qui occupa cette partie de la Provence que nous habitons, et intéresser ainsi le voyageur qui la visite en lui racontant tous les événements historiques qui ont eu cette terre pour théâtre, depuis les temps les plus reculés jusqu'à nos jours, et en lui signalant les quelques monuments que les ravages destructeurs des siècles ont laissés debout.

En remontant dans les premiers âges de l'histoire d'Occident, nous trouvons qu'il est question d'une population gallique qui occupait le territoire continental, compris entre le Rhin, les Alpes, la Méditéranée, les Pyrénées et l'Océan, ainsi que les deux grandes îles situées au nord-ouest, à l'opposite des bouches du Rhône et de la Seine. De ces deux îles, la plus voisine du continent s'appelait Albin, c'est-à-dire île Blanche; l'autre portait le nom d'Érix, île de l'Ouest; le continent s'appelait spécialement Galltachd, qui signifiait terre des Galls.

Une population ibérienne venue d'Espagne occupait plusieurs cantons du midi de la Gaule, sous le nom de Ligures, de li-gor, peuple d'en bas. Elle se divisait en familles ou tribus formant entre elles plusieurs nations distinctes; elles prenaient leurs noms des pays qu'elles habitaient. On les vit souvent se réunir à de grandes confédérations ou ligues pour résister à des ennemis plus puissants qui menaçaient leur indépendance. C'est à une de ces grandes nécessités de défense que nous devons d'être fixés sur le nom du peuple qui habita nos contrées.

Les Oxibiens, dit Pline, occupaient tout le territoire compris

ANTIBES.

entre le fleuve d'Argens et Antipolis, colonie grecque. C'était une peuplade puissante et guerrière livrant des combats incessants sous les murs d'Antipolis et de Nicæa, ces deux filles de Phocée. Plus tard nous les voyons former une ligue défensive avec les Déciates, autre peuplade belliqueuse qui avait pour capitale Deciatum, aujourd'hui Cagnes, pour résister aux légions romaines qui firent, à leur entrée dans les Gaules, l'essai de leurs armes contre ces deux nations belliqueuses et aguerries.

Trois auteurs achèvent de nous fixer sur le pays que les Oxibiens occupèrent. Étienne de Byzance indique une ville oxibienne dont la position répond bien à celle de Cannes. Strabon appelle un port du nom d'Oxibium, non loin d'Antipolis; et Polybe parle d'une ville d'Ægitna, capitale des Oxibiens, devant laquelle Q. Optimus, consul romain, vint mettre le siége avec la vingt-deuxième légion romaine, pour venger l'insulte faite par les Oxibiens à Flaminius, ambassadeur que Rome avait envoyé pour faire des remontrances à ce peuple, à cause des déprédations nombreuses qu'il commettait sur le territoire des colonies marseillaises, alliées des Romains. Cette ville d'Ægitna, citée par Polybe, est la même qu'Oxibia, nommée par les autres auteurs, qui devait occuper le monticule qui domine le port de Cannes, où les Oxibiens avaient établi leurs malus et leurs retranchements.

Les Ligures-Oxibiens furent donc les premiers habitants de nos contrées dont l'histoire fasse mention. Il est probable qu'ils furent précédés par les Ibères, autre peuplade nomade venue aussi de l'Espagne, d'où ils furent chassés par les Celtes, et que les Ligures de même origine poussèrent devant eux, dans leur marche envahissante jusqu'en Italie et en

Sicile, où la nation ibérienne s'arrêta et planta ses tentes.

Plus tard la race gauloise se mêla à la nation ligurienne, qui resta pourtant parfaitement distincte de celle de ses conquérants. Il semblerait même que le type ibérien s'est mieux conservé parmi nous que le type gaulois, soit que les peuples italiques aient alimenté, dans les temps plus rapprochés de nous, la population de nos villes, soit que cette race émanée des contrées méridionales de l'Europe se soit mieux conservée, sous un ciel approprié à sa constitution physique, que le type gaulois émané des contrées septentrionales de l'Europe et de l'Asie.

Le Ligure, dit un auteur qui a écrit sur la Provence, était de petite taille et d'une complexion sèche, mais nerveuse, sobre, économe, dur au travail; il gâta par des vices des qualités aussi précieuses : le manque de foi et la fourberie lui sont souvent reprochés. Les Ligures durent à l'influence grecque de Marseille la culture de la vigne et de l'olivier; ceux des montagnes chassaient ou venaient louer leurs bras et leurs services aux cultivateurs des plaines; les Ligures de la côte s'adonnaient à la pêche et à la piraterie. Leur intrépidité est vantée dans les anciens récits. Une nuit d'orage était par eux choisie pour exercer leurs brigandages; quand une obscurité profonde descendait sur la mer, quand les vagues élevaient leurs voix retentissantes pour parler la langue des tempêtes, ces hardis pirates, se confiant à de frêles barques ou à de larges radeaux, que des outres soutenaient à la surface des flots écumants, s'élançaient au milieu des ouragans déchaînés, apparaissaient comme les sombres gardiens des côtes inhospitalières de la Ligurie gauloise. Ils surprenaient les vaisseaux que la tempête tenait écartés des ports voisins, et, après les avoir dépouillés, ils se hâtaient d'aller déposer leur butin dans les îles de Lérins, qui ont pris leur nom d'un de ces hardis forbans, *Lero*, qui y avait établi son repaire, ou dans les nombreuses anfractuosités volcaniques que les éruptions anciennes ont laissées béantes le long des côtes de l'ancienne Ligurie, du côté de Théoule et d'Aurélia, ancien poste romain qui garde encore son nom de la voie Aurélienne qui le traversait.

Cette vie de périls et de combats développa singulièrement leur force physique. Leur tempérament, essentiellement robuste, était encore fortifié par les exercices journaliers du corps, qu'ils habituaient à supporter les étreintes de la soif et de la faim ; leur éducation était toute militaire ; leur courage impétueux et bouillant était rarement réfléchi ; aimant la liberté et l'indépendance jusqu'au fanatisme, ils poussaient ces nobles sentiments jusqu'à la férocité : aussi les vit-on souvent, derrière leurs retranchements, lorsque le moment suprême de la lutte les obligeait de céder au vainqueur, loin d'implorer la pitié de leur ennemi, égorger les femmes et les enfants et se donner la mort ensuite à eux-mêmes. Dans la déroute, on les vit sacrifier sans pitié les blessés qui, par la gravité de leurs blessures, ne pouvaient suivre le gros de l'armée, et ceux-ci tendre la gorge à leurs frères, en se félicitant de mourir de leurs mains pour échapper à un honteux esclavage.

A côté de ces mœurs sauvages, on remarquait chez les Ligures des qualités précieuses : ils étaient susceptibles de reconnaissance mieux que les peuples civilisés de leur temps ; ils pratiquaient largement l'hospitalité et avaient les sentiments de la plus profonde reconnaissance pour les services qu'on leur avait rendus. Semblables par certaines coutumes aux sauvages du nouveau monde dont l'immortel chantre des Natchez nous a tracé le tableau, ils n'allumaient point comme eux le calumet de la paix ; mais, pour reconnaître les bons offices rendus par l'amitié, ils vouaient à leur bienfaiteur une affection éternelle, qu'ils consacraient, dans leur sauvage simplicité, en gravant sur un morceau de brique ou de poterie de terre le nom des deux peuples, des deux familles ou des deux individus qui se liaient ainsi pour la vie ; ils partageaient ensuite le tesson, dont chacune des parties contractantes emportait un morceau en signe d'alliance, et ce titre de naïve authenticité passait ainsi de génération en génération jusqu'à la postérité la plus reculée.

L'hospitalité, avons-nous dit, était sacrée chez eux ; ils regardaient comme un grand crime de maltraiter un étranger sans défense ; un fait cité par Parthénius, et que nous puisons dans un auteur contemporain, nous en fournit un exemple :

« Lorsque les Gaulois ravageaient l'Éonie, ils entrèrent

dans un temple voisin de Millet au moment du sacrifice. Les femmes les plus aristocratiques du lieu qui s'y étaient réfugiées tombèrent entre les mains des Gaulois : la plupart furent rendues à leur famille après rançon ; les autres restèrent prisonnières entre les mains des Gaulois. Parmi ces dernières, il y en avait une d'une rare beauté, dont le mari tenait le premier rang à Millet; elle avait nom Érippe et vint dans la Ligurie avec le Gaulois-Ligurien à qui elle était tombée en partage, laissant dans sa patrie un enfant de deux ans et son mari. Sa beauté la rendait chère à son époux Xanthus, qui, ne pouvant se consoler de sa perte, vendit une partie de ses biens et partit pour la Ligurie afin de la racheter ; il arriva chez le Ligure un jour que celui-ci était absent, mais il n'en fut pas moins reçu avec joie par tous les membres de la famille et par sa femme, qui le reconnut et l'embrassa tendrement. Quand le Gaulois arriva, Érippe lui présenta son époux en lui annonçant le but de son voyage ; le Gaulois parut touché de la tendresse et de la générosité de Xanthus, et pour lui montrer son admiration pour sa conduite, il lui donna un repas où furent invités ses parents et ses amis. Après le festin, ayant pris Érippe par la main, il la présenta à Xanthus et lui demanda s'il portait une forte rançon : « Mille pièces d'or, répondit celui-ci. — C'est bien, dit « alors le Gaulois, quoique cette somme ne soit pas propor-« tionnée à la beauté d'Érippe que j'aime, faisons-en quatre « parts, dont trois seront pour votre femme et votre fils, la

« quatrième, pour moi. » Après quelques propos où l'on témoigna beaucoup d'affection de part et d'autre, Xanthus et sa femme se retirèrent dans la tente qu'on leur avait préparée. Érippe lui demanda alors d'un air inquiet s'il était bien vrai qu'il eût toute la somme dont il avait parlé : « J'en ai le double, dit Xanthus, car je craignais que les mille pièces d'or ne fussent pas suffisantes pour racheter ta beauté et me rendre ton amour. » Érippe, qui n'avait point un cœur digne de la tendresse que lui témoignait son époux, s'empressa de rejoindre le Gaulois et de lui raconter que son mari n'avait déclaré que la moitié de la somme qu'il avait apportée. « Il faut se défaire
« de lui pour l'avoir tout entière, dit-elle, car je hais cet
« homme autant que je vous aime, et je veux passer ma
« vie auprès de vous, loin de ma patrie et de mon fils, que
« je veux oublier. » Le Gaulois frémit d'horreur en entendant ces paroles; mais il réprima sa colère, et, quand Xanthus et sa femme voulurent s'éloigner, il leur proposa de les accompagner jusqu'au pied des Alpes. Avant de se séparer d'eux, il désira offrir un sacrifice aux dieux ; quand la victime fut prête, il pria Érippe de la tenir ; tirant ensuite son épée, il la plonge dans le sein de l'épouse dénaturée, et, se jetant dans les bras de Xanthus, il le console en lui racontant la perfidie de cette épouse dénaturée, si peu digne de son amour. »

Les femmes, chez ce peuple doué de tant de qualités énergiques, furent aussi les dignes compagnes de leurs maris; leur sort était préférable à celui des femmes gauloises; cette espèce de servitude passive qui pèse sur le sexe chez presque tous les peuples barbares ne se faisait point sentir chez le Ligure : la femme partageait avec l'homme le travail et les plus dures fatigues, mais elle était son égale. Un fait raconté par Posidonius nous donnera la mesure de cette incroyable énergie :

Les Liguriens des montagnes venaient louer leurs bras aux habitants des plaines pour la culture de leurs champs, ainsi que cela se pratique encore de nos jours entre les Piémontais des montagnes et les Provençaux de la plaine. Une femme ligurienne, qui travaillait chez un nommé Chermolaüs, est prise par les douleurs de l'enfantement; dans ce moment suprême, loin de chercher l'aide de ses compagnes, elle se retire dans un bois voisin et procède elle-même à sa délivrance. Enveloppant ensuite le nouveau-né dans une partie de ses vêtements, elle le couche sur un lit de feuillage et le cache au fond d'un taillis; mais les cris de l'enfant arrivent bientôt aux oreilles du gardien des travaux; on interroge la courageuse mère; la pâleur de son front trahit son action, on veut la congédier; mais elle ne consent à quitter les lieux qu'après avoir accompli sa tâche et touché le salaire de son travail; alors elle lave le nouveau-né dans une source d'eau vive et l'emporte dans ses bras.

Quoique les femmes liguriennes partageassent avec leurs maris les plus rudes travaux, loin de les assimiler à une esclave, comme chez les Gaulois, une coutume atteste qu'elles jouissaient, d'après Aristote et Justin, d'une grande liberté, dont elles avaient surtout le droit d'user dans une circonstance importante de leur vie. Le choix d'un époux leur était entièrement réservé. La jeune Ligurienne qui voulait faire choix d'un mari n'avait que son cœur à consulter ; la civilisation n'avait point encore corrompu la loi sainte des alliances ; les parents n'imposaient jamais leur volonté, basée le plus souvent de nos jours sur des considérations pécuniaires, sans songer aux conséquences qui entraînent dans nos sociétés tant d'unions mal assorties ; jamais le chef de famille n'imposait sa volonté souveraine pour gêner la jeune fille dans l'exercice d'un droit dont elle usait en pleine liberté : aussi en avons-nous un exemple touchant dans l'union d'Euxène et de Gyptis, fille de Nann, roi des Ségobriges :

Un jour une galère phocéenne, montée par de hardis navigateurs que la soif des découvertes avait poussés loin des bords de la mère patrie, aborde aux pays des Ségobriges, peuplade ligurienne. C'était un jour de grande fête dans cette tribu. Toutes les populations voisines y avaient été conviées, le jour des querelles sanglantes de ces peuples avait été suspendu, tout était joie. C'est que la belle Gyptis, fille de Nann, roi des Ségobriges, devait choisir un époux, et la réputation de sa beauté avait fait descendre des montagnes vers la mer tout ce que la Ligurie renfermait de beaux et de valeureux guerriers. Ce jour-là, la galère phocéenne, conduite par Euxène et par les mains de l'Amour, touchait à ces rivages joyeux. Le repas des fiançailles commence ; le chef grec et ses compagnons, qui y avaient été conviés, prennent place autour de la table, sur des bancs grossièrement façonnés ; les jeunes chefs ségobriges, le cœur palpitant d'espoir, se rangent à côté d'eux ; les coupes circulent ; on boit à l'heureux mortel qui méritera le choix de Gyptis. Le vieux roi vide cent fois sa coupe et boit à la santé des étrangers venus de si loin pour partager avec lui les émotions de ce jour heureux. La belle Ligurienne attend dans l'appartement voisin le moment fortuné où elle pourra s'unir à celui que son cœur a déjà su distinguer ; le repas et les libations durent trop à son gré. Elle est enfin introduite, un cortége de jeunes filles belles et resplendissantes de fraîcheur l'accompagne ; mais sa beauté n'a pas de rivale, une tendre émotion fait palpiter son sein de vierge, et la saie étincelante qui enveloppe ses formes suaves ne peut cacher les battements de son cœur. Les yeux voilés par l'émotion, elle parcourt l'assemblée muette des jeunes chefs ségobriges. Cette jeunesse, bouillante naguère et racontant si brusquement leurs exploits de guerre, est maintenant muette d'admiration. C'est que Gyptis est bien belle ; tous voudraient presser sa noble main, et, sans la sévérité du vieux roi Nann et son regard à la fois noble et sévère, ils auraient, les barbares, accueilli par les cris d'une joie frénétique cette suave apparition. Debout, comme une belle statue antique, la belle Gyptis tient dans sa main la coupe fortunée qui doit donner le bonheur. Euxène est là ; son cœur tressaille d'une amoureuse crainte; il est beau, lui aussi, de cette beauté grecque que le ciseau des grands maîtres de l'antiquité nous ont conservée. La fille de Nann, les yeux timidement baissés, s'avance vers lui au milieu de cette jeunesse palpitante d'émotion, lui offre la coupe et le proclame ainsi son époux. Le roi des Ségobriges applaudit au choix de Gyptis, le mariage est célébré, et le terrain sur lequel Marseille, cette éternelle reine du commerce, devait s'élever, est cédé par le roi Nann à Euxène, qui alluma au foyer de Massilie la flamme sacrée de la patrie absente.

Les femmes liguriennes s'élevèrent quelquefois par l'énergie de leur caractère à un rôle politique très-important; l'influence de l'amour et de leur sexe les fit regarder chez ces peuples comme douées d'inspirations particulières. Aussi dans des circonstances mémorables eurent-elles une action décisive sur de grandes résolutions; plusieurs historiens anciens racontent le fait suivant:

Les peuples liguriens étaient souvent divisés par des querelles intestines de tribus à tribus. Un jour les Oxibiens allaient en venir aux mains avec une peuplade voisine; déjà les lances sont en arrêt; le cri de guerre, sinistre précurseur des combats, a retenti; les guerriers brandissent déjà autour de leurs têtes la terrible catéie, cette arme dangereuse dans la main des Gaulois. Au milieu des imprécations sanglantes qui sortent de la bouche des combattants, survient un cortége de femmes; elles abaissent les armes de leurs blanches mains, écartent les boucliers déjà en arrêt, et, calmant ainsi la fureur des combattants, elles s'instituent juges de la querelle; la cause est chaudement plaidée devant elles, et leur décision parut si raisonnable aux deux partis, que la paix en fut le résultat. De là naquit l'usage, chez les Ligures, d'appeler les femmes dans les assemblées délibérantes, et toujours leur voix fut religieusement écoutée[1].

Le caractère de ce peuple est un assemblage de qualités remarquables et de mœurs barbares : c'est que le Ligure, né sous le ciel doux et pur de l'Espagne, avait reçu de ce climat de salutaires aspirations vers les qualités qui distinguent les grands peuples. Plus tard il gâta par des vices ces qualités précieuses, en empruntant à la race gauloise qui l'avait envahi tous les défauts, toutes les coutumes barbares que ces peuples venus du Nord avaient empruntés à la rigueur du climat, à l'aspérité du sol où ils avaient vécu.

C'est ainsi qu'abandonnant le polythéisme grossier, mais doux, qui faisait la base de leur religion, ils adoptèrent le druidisme des Gaulois. Ce ne fut plus alors ce culte simple et pur qui se manifeste par des temples aériens, par des autels champêtres, où la jeune vierge vient appendre des guirlandes de fleurs fraîchement cueillies à l'hôtel de la déesse aimée. Ce ne furent plus ces cortéges de jeunes filles élevant leurs voix suaves et douces au milieu des mystères du culte païen, respirant l'amour ou un paisible recueillement.

[1] Plut. *Virt. mulier.*, p. 256.

Ce fut le druidisme avec ses hideux simulacres de divinités sanguinaires, réveillant dans l'esprit de l'homme un sentiment de terreur et d'effroi.

Sous ces dômes de verdure où retentissaient naguère les hymnes d'amour, les chants sacrés, au fond de ces forêts paisibles où le bruit ne pénétra jamais, on entendit alors le râle agonisant des victimes humaines.

La nuit sombre, à la lueur des torches funèbres, fut le moment choisi pour ces holocaustes humains, pour les jugements redoutables des ministres de ce culte farouche; dès cette époque le druidisme s'assit en roi au milieu de ces hordes barbares et les dirigea à son gré.

Debout au milieu d'un tertre élevé, entouré de roches grossièrement amoncelées, ayant pour sceptre une épée nue, ils convoquaient à des holocaustes humains les nations barbares qu'ils gouvernaient par la terreur de leur culte.

Du haut de ces tribunes sauvages, ils rendaient des oracles terribles et demandaient, au nom de leurs féroces divinités, Heus et Tarann, de nouvelles victimes pour assouvir la colère toujours renaissante de ces divinités insatiables.

C'était surtout sur les prisonniers de guerre que ces prêtres de la mort accomplissaient leurs barbares sacrifices. Armés d'un glaive, ils égorgeaient sans pitié les malheureux que le sort des batailles livrait entre leurs mains, et, recevant leur sang dans de vastes chaudières, ils en étudiaient les bouillonnements pour en tirer des augures.

Ou bien encore, au milieu du temple où les Gaulois se

réunissaient pour assister à l'agonie d'une victime humaine, le malheureux était placé au milieu du cercle redoutable des prêtres. A un certain moment, ceux-ci s'élançaient sur la victime, la perçaient de mille coups, et, les yeux étincelants d'un fanatisme atroce, ils étudiaient les dernières convulsions de son affreuse agonie.

Si l'homme ainsi mutilé prenait en tombant une pause héroïque, si dans les frémissements de ses chairs pantelantes les druides reconnaisaient de favorables pronostics, le peuple accueillait avec une grande joie ces augures prospères à la nation [1].

Dans d'autres circonstances, ils construisaient un colosse immense en paille et en osier; après l'avoir rempli de prisonniers de guerre ou d'innocentes victimes qu'un révoltant fanatisme poussait à cet horrible sacrifice de leur vie, les prêtres arrivaient processionnellement au pied de cet affreux bûcher, y mettaient le feu, et la flamme, entourant de ses langues brûlantes cet amas de chair vivante, montait en larges colonnes de fumée vers la voûte du ciel, au milieu des cris déchirants des victimes et des clameurs féroces du peuple, qui croyait par cet holocauste agréable calmer la colère de ses féroces divinités et assurer la prospérité de leur patrie [2].

Ministres de mort, c'est par la terreur qu'inspirait un

---

[1] STRABON, l. V, p. 308.
[2] *Cæs. Bel. gall.*, STRABON, l. IV, p. 198.

pareil culte qu'ils gouvernaient au gré de leur passion. Aussi malheur à celui qui encourait leur excommunication : il voyait bientôt se former autour de lui un cercle d'isolement que ses plus proches parents, que ses enfants mêmes n'osaient franchir. Seul au milieu d'une société barbare, il était exposé à toutes les misères, à tous les outrages d'un être frappé de maladie contagieuse, et auquel nul être humain n'aurait osé tendre une main secourable. C'était une mort prématurée qui le frappait vivant, c'était la vie qu'on lui ravissait et que nulle puissance humaine ne pouvait lui rendre.

Dépositaires des sciences que seuls ils avaient le privilége de cultiver, ils s'en approprièrent tous les bénéfices en faisant tourner à leur profit l'explication de tous les phénomènes naturels. En exploitant la connaissance des simples, appliqués surtout à la médecine et aux sciences occultes, ils concentraient dans leurs mains des moyens puissants de domination.

Pour garder le prestige sacré dont les entouraient leurs fonctions aux yeux du vulgaire, les druides s'isolaient non-seulement du peuple, mais encore des adeptes qui aspiraient au sacerdoce, et qu'un noviciat de vingt années rendaient à peine dignes de cet honneur ; ils formaient l'ordre le plus respecté dans la Gaule ; la puissance occulte dont ils avaient su s'entourer les plaçait dans l'esprit des Gaulois comme voisins des dieux. Ils étaient divisés en trois classes : les druides proprement dits, les ovates ou vates, et les bardes. Avec cette organisation puissante, ils réunissaient dans leurs mains les trois leviers de la force gouvernementale. Le glaive du sacrifice, celui de la loi et la harpe du poëte.

Le mot druide signifie homme des chênes : ils avaient tirés leur nom de l'arbre sacré dans les Gaules qui entourait ordinairement dans les forêts les hautes tours où ils établissaient leurs demeures vénérées. C'est sous cet arbre également qu'ils rendaient leurs oracles et qu'ils cueillaient le gui sacré. Que de vertus médicinales et occultes étaient attachées à cette plante parasite ! aussi de quelle pompe n'entouraient-ils pas la récolte du gui ! On le cherchait avec le plus grand soin jusque dans la profondeur des forêts les plus impénétrables, et, dès qu'on l'avait découvert, on dressait sous le chêne où pendait la fleur sacrée la table du sacrifice ; puis un druide, vêtu d'une longue robe blanche, armé d'une faucille d'or, montait gravement sur l'arbre et en coupait les radicules chevelues. La plante ainsi détachée du tronc qu'elle avait choisie pour demeure tombait dans une saie blanche, que d'autres druides tenaient étendue au pied du chêne, car les vertus salutaires de cette plante ne lui étaient conservée que tout autant qu'elle n'avait pas touché le sol. Puis venait le sacrifice ; deux taureaux aux cornes dorées et que le joug n'avait pas encore profanées tombaient sous le couteau du sacrificateur; leur sang était offert aux dieux, qui consacraient par cet holocauste agréable les vertus bienfaisantes de la plante.

Que de vertus, que de bienfaits étaient attachés au gui du chêne ! Les maladies les plus violentes, les épidémies les plus cruelles, ne pouvaient résister à son emploi; les poisons les plus subtils étaient neutralisés par ses effets bienfaisants; il rendait à la jeune femme frappée de stérilité la fécondité, et à la jeune fille l'amour d'un amant inconstant: aussi cette plante fut pour les druides, qui en proclamaient les vertus puissantes, d'un produit fort lucratif.

L'imagination du peuple gaulois devait être inévitablement subjuguée par le pouvoir surnaturel dont ces prêtres semblaient doués; on les voyait souvent, dans la profondeur des forêts, se livrer à des évocations infernales; ou bien, les yeux levés vers le ciel, suivre le vol rapide des oiseaux de proie pour en tirer les augures favorables à la nation; ou bien encore, penchés sur les entrailles des victimes fraîchement immolées, ils semblaient en interroger les mouvements convulsifs pour rendre leurs oracles.

C'est alors que le peuple accourait en foule autour de ces prêtres qu'un esprit divin semblait animer, pour obtenir à prix d'argent des talismans redoutables ou des chapelets formés d'ambre que les guerriers allant au combat attachaient autour de leur cou pour écarter la mort.

L'un de leurs plus précieux talismans était l'échinite de mer, ou oursin pétrifié, dont la substance dure et pierreuse est recouverte d'aspérités semblables au tentacules des polypes. Les fables les plus grossières, les contes les plus absurdes, se groupaient autour de cette substance de forme ovoïde. Pline lui-même, l'un des plus savants naturalistes de l'antiquité, a ajouté foi à ces ridicules croyances. Voici un récit extraordinaire, consigné dans un de ses ouvrages, l. XXIV, c. III :

Lorsque la terre, dit-il, s'est échauffée aux ardeurs du soleil d'été, des serpents innombrables se rassemblent dans les profondeurs d'une immense caverne ; là, s'entrelaçant les uns les autres dans d'immondes embrassements, ils produisent une salive abondante et visqueuse, qui, jointe aux sécrétions qui suintent de leur peau, forme cet œuf miraculeux ; poussant ensuite de formidables sifflements, ils le balancent dans l'air au milieu de leurs cris aigus.

C'est dans ce moment dangereux qu'il faut le saisir, avant que le contact du sol lui ait enlevé ses vertus en le souillant.

Un guerrier aposté devait alors s'élancer, recevoir l'œuf sur un linge blanc, et, sautant sur la croupe d'un coursier rapide, échapper à la meute immonde des reptiles qui le poursuivaient jusqu'à ce qu'il eût mis entre eux et lui une rivière infranchissable.

Les prêtres s'assuraient ensuite si le talisman avait bien l'authenticité qu'on voulait lui donner ; ils le plongeaient dans l'eau pour s'assurer s'il surnageait ; l'entourant ensuite d'un cercle d'or dans lequel il était enchâssé, ils répétaient la même expérience : s'il continuait à surnager à la surface du liquide, il était déclaré de bon aloi et vendu à très-haut prix à celui qui voulait en devenir acquéreur.

Armés de ces divers talismans, les Gaulois se croyaient invulnérables. Aussi aucun peuple de l'antiquité ne montra un mépris plus souverain de la vie en face des plus grands périls. Avec leurs fanatiques croyances, ils affrontaient les périls des batailles, sans faire usage des armes défensives, dont ils rougissaient de se servir. La poitrine à demi nue, n'ayant pour protéger leurs têtes que l'épaisse chevelure qui tombait en larges mèches sur leurs robustes épaules, ils affrontaient les coups de leurs adversaires sans sourciller; ils poussaient même leur farouche audace jusqu'à braver les éléments déchaînés. C'est ainsi que l'on vit souvent des Gaulois surpris par les débordements des fleuves adresser aux flots qui menaçaient de les engloutir les plus véhémentes allocutions, sans chercher à échapper par la fuite à une mort imminente.

Ce ne fut pas seulement à l'aide de ces phénomènes surnaturels que les druides dirigeaient les Gaulois : armés de cette mâle éloquence dont les Grecs et les Romains se sont souvent moqués, parce qu'elle ne revêtait point la forme ordinaire de leurs discours, ils levaient des hordes envahissantes chez les peuples voisins. C'est ainsi que Brennus arriva jusqu'au Capitole, dictant la loi à Rome, cette fière capitale du monde, et que les Gaulois de la Ligurie mirent plusieurs fois en péril toutes les colonies phocéennes de la côte et la métropole elle-même. En effet, Marseille avait pris un grand accroissement; elle avait parsemé les côtes de la Ligurie de colonies intelligentes, qui prospéraient sous la protection de ses flottes.

Les cultures de l'Ionie, implantées autour de la ville grecque, y répandaient l'abondance et les richesses. Les hardis navigateurs apportaient déjà sur ses quais naissants les productions des pays les plus lointains. Les peuples voisins, attirés par tant de productions nouvelles, accouraient en foule, pour visiter ses immenses bazars et y acheter les objets de luxe que la civilisation grecque leur avait fait connaître.

GRASSE.

Tant de prospérités, tant de richesses, suscitèrent à Massilie des jalousies dangereuses. Les druides de la Ligurie ne voyaient pas sans ombrage la civilisation pénétrer au milieu du peuple ligure; ils profitèrent de la mort de Nann, beau-père d'Euxène et protecteur de Marseille, pour prêcher la guerre sainte et arrêter dans son premier essor cette influence puissante que la colonie phocéenne commençait à prendre chez eux.

Ils envoyèrent à Comman, successeur de Nann, un messager qui employa un apologue adroitement inventé par les prêtres de la Ligurie pour exciter les craintes de Comman. Celui-ci ne voyait pas sans ombrage une colonie déjà si florissante asseoir les bases de sa puissance au milieu de la terre de ses aïeux; aussi écouta-t-il le messager avec intérêt :

« Un jour, dit l'envoyé, une chienne pria un berger de lui prêter un coin de sa cabane pour y faire ses petits. Le berger y consentit. Alors la chienne, encouragée par le succès, demanda à les y nourrir, et elle l'obtint. Les petits grandirent, et, forte de leurs secours, la mère se déclara seule maîtresse du logis.

« — O roi, dit le messager, voilà ton histoire. Ces étrangers, qui te paraissent aujourd'hui faibles et méprisables, demain te feront la loi et opprimeront notre pays[1]. »

Ce discours adroit porta ses fruits. Comman promit d'anéantir la ville phocéenne avec le secours des confédérations liguriennes, et l'on fixa d'un commun accord pour la levée de boucliers les premiers jours du printemps suivant.

L'époque attendue arriva; la vigne se couvrait déjà de ses pampres naissants; les quais de la ville retentissaient des préparatifs de lointaines expéditions; la campagne, les alentours de Massilie, se paraient de fleurs; la brise arrivait déjà embaumée au milieu de ses murs et rappelait aux Grecs

---

[1] Justin, l. XLIII, c. iv.

proscrits les plus beaux jours de l'Ionie ; une population bruyante s'occupait des apprêts d'une fête consacrée à Bacchus, que la race ionienne célébrait par tradition à l'époque de la floraison des vignes ; la ville entière avait été parée, dès la veille, de guirlandes et de fleurs; des portiques de verdure sans nombre imitaient par des colonnades aériennes ce joli style que le temps a respecté et que les Grecs de l'Ionie nous ont transmis.

Les Ligures, croyant surprendre la population au milieu de ces préoccupations futiles, s'introduisirent dans la ville sous prétexte de prendre part aux fêtes publiques. De son côté, Comman, voulant compter sur un nombre imposant de guerriers, fit cacher dans des chariots un grand nombre de soldats sous des feuillages cueillis dans les champs voisins, et les introduisit ainsi dans l'intérieur des murs.

Le jour de la fête arrive. Pendant que les Massaliotes se livrent sans défiance à tous les élans de leur joie méridionale, sous le beau ciel de leur patrie adoptive, Comman fait placer en embuscade sept mille soldats dans un petit vallon voisin. Tous ces préparatifs sont faits au milieu du silence de la nuit, afin que les Massaliotes, enchaînés par le sommeil, appesantis par l'ivresse du festin, n'offrent aux assaillants aucune résistance. Ainsi doit s'éteindre ce foyer brillant de la civilisation grecque à peine éclose au sein de la Gaule barbare.

Mais les dieux protecteurs de Massilie en décidèrent autrement, et l'amour, qui avait fait naître au milieu de la barbarie cette puissante cité des arts, écarta l'orage qui menaçait de tout engloutir.

En effet, une jeune Ligurienne, parente de Comman, aimait un jeune Grec. Cette nuit-là une même couche avait reçu les deux amants, et le danger qui menaçait le jeune Massaliote avait rendu plus brûlants que jamais les embrassements de sa belle maîtresse. Il était si beau, le jeune Grec, que l'amoureuse Ligurienne se prit à le regarder avec pitié, et, ne pouvant consentir à le voir mourir si jeune, elle le pressa avec amour sur son sein et lui révéla le complot de ses frères, le conjurant de fuir pour échapper au carnage général.

Les magistrats sont aussitôt avertis du danger qui menace la ville, les portes se ferment, et les Liguriens qui se trouvent embusqués dans la cité reçoivent la mort. Profitant ensuite des ténèbres de la nuit, les Grecs tombent à l'improviste sur les barbares sans défense et en font une affreuse boucherie, sans épargner leur perfide chef lui-même, qui périt dans la mêlée.

Telle fut l'influence religieuse des druides sur le peuple gaulois; aussi fut-il un rempart redoutable contre les légions romaines lorsqu'elles mirent le pied sur le sol de la Ligurie gauloise. Nous verrons plus tard de quelle manière ils reçurent ces fiers conquérants du monde et comment ils défendirent le sol que nous foulons.

Les druides vivaient dans l'isolement de la foule; les ovates, au contraire, se mêlaient au peuple pour en diriger les instincts au gré de leur intérêt ; ils étaient seuls chargés des cérémonies du culte, de la divination ; les études astronomiques étaient leurs occupations principales ; ils concouraient à tous les actes publics ou privés, auxquels seuls ils donnaient authenticité et force de loi. Se mêlant à toutes les assemblées populaires, ils faisaient prévaloir par leur éloquence l'influence théocratique qu'ils représentaient.

Les bardes, cette troisième classe de la théocratie, eurent aussi leur rôle important : armés de leur rote et de leur poésie sombre et sévère, ils dirigeaient par leurs chants les résolutions des grandes assemblées guerrières ; lorsque le moment était venu de prendre un parti extrême, ils retraçaient dans leurs chants les grandes actions accomplies par les aïeux du peuple qui les écoutait. C'est alors que le moment décisif était venu, que leur voix devenait plus sombre et plus émouvante pour peindre ces grands drames des batailles, où la nation gauloise avait triomphé. Ils la donnaient alors pour exemple au peuple qui les écoutait comme des oracles inspirés du ciel.

Le nom des guerriers morts pour l'indépendance de leurs pays revenait fréquemment dans leurs chants, exhortant ainsi les familles survivantes à imiter leurs devanciers morts pour la patrie.

Assis au sein des familles, ils obtenaient partout une hospitalité empressée, et le soir, au coin du foyer domestique, quand l'ouragan soufflait dans la campagne, ils dédommageaient leur hôte en retraçant dans leurs chants les vertus de la famille hospitalière.

Connaissant le pouvoir du sexe sur les masses, le druidisme s'adjoignit aussi des prêtresses qui par leur présence ajoutaient à la pompe ou à l'horreur des cérémonies de leur culte.

Avec tous ces moyens de domination la puissance des druides n'avait plus de limites. Comme tous les pouvoirs forts, au milieu d'une ignorance générale, ils abusèrent de leur puissance pour opprimer les masses.

Les nobles finirent alors par se lasser les premiers de ce pouvoir tyrannique; l'excommunication, cette arme redoutable dont ils abusaient, finit par tomber sous le mépris des grands, et leurs anathèmes restèrent sans effet.

L'insurrection, ce besoin des opprimés, fut partout proclamée par les familles souveraines. Un conflit immense surgit au milieu de ces tribus divisées, qui s'unirent alors pour résister à leur ennemi commun. De leur côté, les druides fulminèrent leur anathème, menaçant le peuple de la colère du ciel; mais leur voix resta sans écho dans le cœur de ce peuple qu'ils avaient si longtemps persécuté.

Voyant alors la puissance souveraine leur échapper, ils proposèrent une transaction pour sauver au moins le pouvoir spirituel, dans cet immense cataclysme qui menaçait de tout engloutir; les hostilités furent suspendues et le pouvoir des prêtres fut restreint dans le cercle des cérémonies religieuses.

De cette révolution naquit dans la Gaule une espèce de gouvernement féodal, qui voua le pays à des dissensions continuelles de tribus à tribus. Le gouvernement du sabre devint prépondérant, et la force brutale décida du sort des peuples de ce malheureux pays, qui n'était sorti des mains du despotisme théocratique que pour tomber sous une oligarchie plus despotique encore.

Mais, ainsi qu'il arrive toujours à la suite des révolutions populaires, du conflit de toutes les idées gouvernementales, de ce chaos politique, de ces réactions inévitables, naquirent les germes de la liberté qui éclaira un instant de ses feux la terre des Gaules. D'admirables institutions, que le cadre de cet ouvrage ne nous permet pas d'énumérer, surgirent. L'esprit d'association naquit de la faiblesse et de l'oppression des grands. Les villes pesèrent de leur poids et de leur influence sur les résolutions générales des peuples de la Ligurie, et l'indépendance et la liberté fleurirent sur cette noble terre, qui est encore aujourd'hui, après tant de siècles, le pôle des nations opprimées.

Cette nation gauloise qui devait échanger un jour son antique nom contre celui d'une obscure nation germanique a déjà trop occupé le lecteur; peut-être me suis-je écarté du cadre que comportait le modeste ouvrage que j'ai voulu écrire. Mais comment résister à faire connaître le peuple qui foula le premier le sol de notre pays, et qui a laissé sinon des monuments nombreux de son passage, au moins des souvenirs si intéressants dans les auteurs grecs et latins?

J'en ai esquissé l'histoire primitive aussi rapidement que possible, afin de conduire le lecteur, par une suite d'événements, à la période de l'invasion romaine, qui a imprimé sur cette partie de la Provence les premiers pas de ses conquêtes !

Nous allons donc aborder cette page intéressante de l'histoire de notre pays, et suivre les luttes incessantes que les Ligures Oxibiens, habitants primitifs des côtes de la Provence, eurent à soutenir contre les légions romaines, heureux si, dans l'entraînement de ma narration, je puis me borner à écrire les faits relatifs à l'histoire de Cannes, qui se lient d'une manière quelquefois inséparable à certaines parties de l'histoire de Provence et de la Gaule tout entière.

THÉOULE

CHAPITRE II

Invasion romaine dans la Ligurie gauloise. — Bataille d'Ægitna. — Fondation des comptoirs marseillais. — Néapolis. — Télonium. — Deuxième invasion romaine dans la Ligurie. — Teutomal. — Invasion des Kimris-Teutons. — Marius organise des greniers pour les subsistances de ses armées. — Grasse. — Auribeau. — Moyens de communications. — Pont romain sur la Siagne. — *Lou camin dei roumégouns*. — La Ligurie et les proconsuls romains. — César devant Marseille. — Fondation de Forum Julii. — Auguste. — La voie Aurélienne. — L'aqueduc romain. — *Roquo taillado*. — Le château de la Napoule. — Les Villeneuve. — Béatrix et Charles de France. — Athénopolis. — Aurélia. — La Sainte-Baume. — Diane Estérelle. — Saint Honorat, solitaire à la Sainte-Baume. — Une borne miliaire. — Agay. — La tour du Darmont. — Légende. — La reine Jeanne. — Les carrières romaines de la vallée de Boulouris. — Auguste et le druidisme. — Othon et Vitellius. — Marius Mathurus. — Bataille dans les plaines de Châteauneuf. — Un tumulus. — Le mont Saint-Cassien. — Bataille d'Othon et de Vitellius dans les plaines de Laval

Rome avait déjà promené ses légions victorieuses en Afrique, en Asie et en Grèce. La malheureuse Carthage avait expiré au milieu des flammes allumées par le sublime dévouement de la courageuse épouse d'Asdrubal. L'ambitieuse

Marseille s'attachait à sa fortune pour étendre dans les pays lointains, à l'aide de ses nombreuses flottes, ses relations commerciales. Fière de ses succès, elle se vit un moment maîtresse absolue du commerce de l'univers, qui versait sur ses quais encombrés les productions les plus variées du globe. Mais cette prospérité n'était que factice ; elle était l'humble vassale de Rome, et elle le sentait bien.

Aussi voulait-elle commencer son rôle de cité conquérante et devenir, à l'exemple de Carthage, puissance territoriale dans les Gaules, comme sa rivale l'avait été en Afrique et en Espagne.

Elle commença donc à empiéter sur le territoire des Ligures Oxibiens et chez les Déciates, qui avaient pour capitales, les premiers, Oxibia, aujourd'hui Cannes ; les seconds, Déciatum, sur les bords de l'Apron, aujourd'hui la rivière du Loup, non loin du Var. L'an 154 avant l'ère chrétienne, ces deux peuples, incessamment menacés, se soulevèrent et vinrent mettre le siége devant Antipolis et Nicæa, colonies phocéennes. Marseille, qui connaissait le caractère guerrier et entreprenant de ces tribus indomptables, conçut de sérieuses craintes ; elle s'adressa à sa protectrice accoutumée. Rome ne lui fit pas défaut : le sénat envoya trois députés sur les lieux, chargés d'examiner le différend et de terminer la querelle. Car le moment pour elle n'était pas encore venu de penser à la conquête de la Gaule, occupée qu'elle était en Orient.

Le vaisseau qui conduisait les commissaires romains

aborda au port d'Ægitna, ville oxibienne que quelques auteurs anciens placent, les uns au golfe Jouan, d'autres à Cannes.

La population ligurienne, exaspérée par l'arrivée des étrangers protecteurs de leurs implacables ennemis, descendit des montagnes qui bordent la mer, et ordonna avec des gestes menaçants à Flaminius, l'un des commissaires, qui avait déjà pris terre, de s'éloigner de leur sol. Mais les Romains, forts de la puissante renommée de leur nation, répondirent avec mépris aux bravades des barbares. Une lutte s'engagea, et les Romains, accablés de coups, ne parvinrent qu'avec peine à arracher leur chef, sanglant et meurtri, des mains des Oxibiens, qui, selon quelques auteurs, renvoyèrent les députés de Rome sans nez et sans oreilles [1]. Les galères romaines se réfugièrent à Marseille, qui reçut la députation avec les marques du plus vif intérêt.

Cette nouvelle produisit à Rome une grande sensation. Le sénat, outré contre une misérable peuplade barbare qui osait braver ainsi la puissance romaine, s'écria, par la voix de ses orateurs, que le droit des gens avait été violé, que le nom romain avait été perfidement outragé dans la personne de Flaminius, et que les Oxibiens et les Déciates devaient recevoir un châtiment exemplaire, proportionné à leur forfait.

Une armée nombreuse et aguerrie fut rassemblée la même

[1] Polyb., *Excerpt. legat.*, c. xxxii, p. 962.

année à Placentia, et dirigée ensuite vers la Gaule; le consul Opimius, chargé de la commander, la conduisit par les Apennins, lui fit longer le golfe où la voie Aurélienne devait passer plus tard, et vint camper sur les bords de l'Apron, aujourd'hui le Loup, dans le pays des Déciates. (Il y a quelques années, lors de la démolition d'une partie des ruines de l'ancien pont du Loup, on découvrit les fragments d'une inscription dans laquelle il est fait mention de la vingt-deuxième légion romaine.) Ce fut donc à cette légion que Rome confia le soin de venger son outrage.

Les Oxibiens, à l'approche de l'ennemi, s'étaient retranchés dans les forêts ombreuses qui couvraient à cette époque toutes les côtes de la Ligurie. Le consul Opimius, fatigué d'attendre, se dirigea sur Ægitna, qu'il trouva sans défense; la population de femmes et de vieillards, qui n'avaient pas abandonné leurs foyers, fut réduite en esclavage, pendant que les auteurs de l'outrage fait au nom romain en la personne de Flaminius attendaient, derrière les remparts naturels de leur patrie, le moment favorable de l'attaque.

Nous avons cru retrouver sur la colline de Vollauris, qui domine Cannes à l'est, les restes d'un ancien retranchement. Le plateau sur lequel on remarque cet amas de roches, grossièrement superposées, qui caractérise les anciens camps druidiques des Gaulois, forme une enceinte circulaire. Des pierres très-grosses y sont irrégulièrement entassées, sans ciment, sans ordre et sans goût, les unes sur les autres. On y remarque l'absence complète d'un plan arrêté d'avance;

c'est bien là ce qui caractérise ces vieux monuments où les populations gauloises s'enfermaient à l'approche d'un grand danger, et qu'elles abandonnaient ensuite, lorsque les causes qui les avaient fait élever avaient disparu.

De ce point élevé la vue s'étend jusque vers les Alpes maritimes, dont on aperçoit les glaciers rougeâtres; on domine toute la campagne de Nice et d'Antibes; à l'est, le golfe Jouan, où fut la malheureuse Ægitna, est à vos pieds. Une ancienne voie passe non loin de là et descend dans la plaine.

L'imagination, frappée du spectacle grandiose de la nature qui vous entoure, vous transporte naturellement vers les scènes antiques qui se déroulèrent sur ces lieux. On se demande involontairement si le sol que l'on foule, si les rochers que l'on gravit, ne sont pas les restes d'un ancien malus, d'où les druides gaulois lancèrent si souvent les hordes liguriennes, qu'ils dirigeaient de leur puissante éloquence vers les colonies phocéennes d'Antipolis et de Nicæa; si la voie décharnée qui descend dans la plaine ne serait point celle que suivirent les fougueux Oxibiens épiant l'arrivée des légions romaines pour aller venger l'incendie d'Ægitna et l'esclavage de leurs frères.

On se tait devant ces cadavres de pierre qui ont assisté, muets comme ils le sont encore, à tant d'événements tragiques, et on ouvre l'histoire des vieilles sociétés, qui nous raconte ces grands drames guerriers de la nation romaine, qui se trouva, pour la première fois, aux prises avec l'indomptable nation gauloise.

Les Oxibiens, dit Polybe, n'avaient pu rassembler que quatre mille guerriers ; les Déciates, leurs alliés, un nombre à peu près égal. Opimius arriva devant les Oxibiens avant que ceux-ci eussent pu se joindre aux Déciates.

N'écoutant que leur valeur et leur colère, les Ligures volent plutôt qu'ils ne marchent au combat ; le terrible cri de guerre ébranle les échos des montagnes et avertit leurs frères absents de hâter leur marche pour le salut de la patrie.

Alors commença un carnage horrible : poitrine contre poitrine, haleine contre haleine, les Oxibiens s'acharnent sur ces masses de fer, qu'ils culbutent, qu'ils déconcertent par la violence de leur première attaque. Le consul voit le danger : la charge sonne, la lutte devient plus acharnée que jamais ; elle fut sanglante. Mais que pouvait le courage des barbares, leur fougueux patriotisme, contre les armées disciplinées et aguerries de Rome, maîtresse de l'univers? Il ne leur restait qu'à mourir noblement pour la défense de leur foyer.

Leurs rangs, dégarnis par la mort, sont enfoncés, et déjà la retraite des Oxibiens commençait, quand des cris de fureur et des bruits éclatants de lances heurtant les boucliers leur annoncent l'arrivée des Déciates, leurs alliés.

Le combat recommence avec un acharnement nouveau : une seconde victoire signala le triomphe de Rome sur une barbarie succombant sur son propre sol.

Jour de deuil! l'aigle romaine venait de poser ses redoutables serres sur le front de la malheureuse Gaule, et le lion massaliote vint demander la proie, que sa fidèle alliée partagea avec elle.

En effet, Opimius donna toutes les terres prises sur les vaincus aux Marseillais; ceux-ci, fidèles à leur politique, s'empressèrent d'y fonder des comptoirs nombreux, qui devaient absorber plus tard tout le commerce des mers en faveur de leur métropole. Ils relevèrent les ruines d'Oxibia, encore fumantes, et fortifièrent le monticule qui domine la ville actuelle de Cannes, et qui prit dès cette époque le nom de *Castrum Massiliorum* (comptoir des Marseillais).

Les Romains, de leur côté, placèrent les jalons de leur future conquête en laissant des garnisons sur les principaux points de défense. Ils tracèrent une route le long des côtes de la Ligurie, qui devait devenir plus tard l'un des plus importants moyens de communication sous le nom de voie Aurélienne, et qui facilita aux Romains la conquête de la Gaule, en permettant à leurs nombreuses légions de la traverser et de recevoir de faciles approvisionnements.

Ce fut à la même époque que les Marseillais jetèrent les fondations d'une ville à l'endroit où est aujourd'hui la Napoule, et à laquelle ils donnèrent le nom de Néopolis (nouvelle ville). La position heureuse de ce lieu, le paysage à la fois grandiose et sévère qui l'environne, durent attirer l'attention de ces hardis fondateurs. Néopolis dut avoir une certaine importance, si l'on en juge par les établissements qu'ils y créèrent, et qui n'existaient que dans les ports d'une certaine importance.

En effet, au fond du charmant golfe où se mirent les hautes montagnes qui terminent la chaîne de l'Estérel, en face du château de la Napoule, à l'ouest, on remarque des ruines qui donnent au paysage un cachet particulier. Je veux parler du poste de Théoule, dont les murs se reflètent si gracieusement dans les vagues bleues de ce golfe ionien. C'est au fond de cette délicieuse baie que les Grecs avaient placé leur Τελωνιον (*Telonium*), établissement qui répondait à l'administration des douanes de nos jours, et qui, à travers tant de siècles, a conservé sa dénomination antique dans le nom moderne de Théoule.

Plusieurs auteurs ont voulu que ce lieu ait tiré son nom de sainte Tullia, fille de saint Eucher, qui habita longtemps l'héritage de son père, avec sa mère Galla, et sa sœur, sainte Consortia. En effet, jamais site ne fut mieux disposé pour la vie contemplative; c'est en face de cette nature grandiose et abrupte que l'âme des saints, loin du bruit des sociétés humaines, devait s'élever par la méditation et la prière vers les choses de l'autre vie. C'est du fond des grottes nombreuses dont cette côte est parsemée que les pieux ermites des premiers temps du christianisme jetèrent la semence du christianisme dans les Gaules, et détrônèrent ainsi le polythéisme grec et le farouche druidisme gaulois.

Sainte Tullia, d'après quelques auteurs, fut ensevelie sur le tertre où est bâti le poste de Théoule. Sa sœur, sainte Consortia, hérita des biens de sa famille à la mort de saint Eucher, par suite de la cession que lui en firent ses deux frères, saint Véran et Salonius ; mais elle en usa noblement en faisant édifier, à Mandelieu, un hôpital sous l'invocation de saint Étienne, martyr.

C'était dans cette maison, ouverte aux souffrances des pauvres de la contrée, que les pèlerins qui venaient visiter les pieux anachorètes de Lérins trouvaient un asile et des secours. Plus tard, cet hôpital devint la propriété des chevaliers de Malte ; puis, enfin, du chapitre de Grasse, dont l'évêque en resta le seigneur jusqu'à la Révolution de 89, ce qui fit donner à ce lieu le nom de *Capitou*, qu'il porte encore aujourd'hui, et qui est dérivé du mot français chapitre.

Bouche, dans son *Histoire de Provence*, a placé ailleurs que dans nos pays les biens de saint Eucher; nous laissons au savant auteur de l'*Histoire de Lérins*, notre compatriote, le soin d'éclaircir ce point difficile de l'histoire de notre pays.

Pour nous, nous croyons que les Grecs ont dû occuper primitivement un point aussi privilégié par sa position que celui de la Napoule et de Théoule, qui est le meilleur abri naturel de la côte. Nous en trouvons une preuve dans une inscription trouvée sur une plaque d'airain, décrite par d'Anthelmy et ainsi conçue :

Vic. i. d. MEHA.
MASSAE Filia
MARTI OLLOVbo
V. S. L. M.

Il nous serait difficile d'expliquer le sens complet de cette singulière inscription, où figurent des lettres grecques et romaines ; mais on serait porté à croire que le mot *vic* est là pour *vicus*, qui signifie bourgade ; MASSIE FILIA, pour *Massiliæ filia*, fille de Marseille, sous la protection du dieu Mars, MARTI OLLOVBO, avec d'autant plus de raison, que l'on trouve, non loin de là, une montagne qui, au moyen âge, portait encore le nom de *Mont de Mars*, et aujourd'hui celui de *Mont de Martin*, par corruption.

C'est ainsi que Marseille couvrait toutes les côtes de la Ligurie de colonies puissantes ; mais là ne devaient point s'arrêter ses ambitieuses prétentions. Les Romains, avons-nous dit, avaient placé des postes militaires dans l'intérieur des terres, sans occuper entièrement le pays conquis. Leurs nombreuses légions promenaient l'aigle romaine en Orient : ils ne pouvaient point encore penser à une occupation sérieuse de la Gaule ; mais l'Orient subit bientôt le sort des autres pays, Rome triomphait partout, et dès qu'elle eut consolidé cette nouvelle conquête, Marseille songea à fournir à son alliée un nouvel aliment à son besoin incessant de gloire. Pour satisfaire ses vues ambitieuses, elle envoya de nouveaux députés au sénat romain pour se plaindre des continuelles excursions des Ligures, qui, en effet, ne se croyaient pas complètement vaincus [1].

Rome écouta ses plaintes, et envoya une nouvelle armée contre les Salyens et les Voconces, puissantes tribus ligu-

---

[1] FLORUS, l. III, c. II.

riennes[1]. Cette armée était commandée par Flavius Flaccus, qui battit deux fois les Salyens et attaqua les Voconces. C. Sextius Calvinus, son successeur, eut à soutenir une lutte terrible contre les autres tribus liguriennes, qui renaissaient toujours plus acharnées sous les coups de leurs terribles conquérants. Ces tribus héroïques avaient à leur tête le Ligure Teutomal, dont l'indomptable courage résista longtemps à toutes les attaques des Romains.

Puisant dans sa seule énergie des ressources incroyables, il lutta pied à pied avec le colosse romain. Sa mâle éloquence souleva toutes les tribus des montagnes contre ces vils oppresseurs qui venaient, au mépris du droit des gens, par la force brutale, imposer des chaînes à une nation indépendante.

Ce fut alors que Rome, craignant un moment l'influence de ce fier guerrier, sous la voix duquel tant de nations barbares venaient se ranger, mit sa tête à prix. L'exaspération fut alors à son comble. Les Ligures, dit Florus, gravissant l'extrême sommet des montagnes, embrasant toutes les avenues avec des buissons desséchés, étaient plus difficiles à joindre qu'à vaincre. Rassurés par les lieux et par la facilité de s'échapper, ces peuples, aussi forts qu'agiles, guettaient les occasions et commettaient plutôt des brigandages qu'ils ne faisaient la guerre; aussi les Romains, pour en finir, employèrent-ils des moyens dignes des peuples les plus barbares.

[1] Tit. Liv., *Epitom.*

Teutomal, poursuivi, traqué comme une bête fauve, abandonna un sol qu'il ne pouvait plus défendre, malgré son héroïque courage, et se retira chez les Allobroges. Les Gaulois, privés de chefs, après avoir fait des prodiges de valeur, furent battus sur tous les points; écrasés par le nombre, il n'y eut plus de sûr asile pour eux, le fer et la flamme du vainqueur les atteignirent dans les forêts les plus sombres, dans les gorges les plus impénétrables, dans les antres, dans les cavernes, où ils périssaient par milliers, par l'effet de la fumée[1].

Investis dans leurs villages, ils se battirent en désespérés. Se voyant enveloppés de toutes parts, ils jetèrent des tisons enflammés sur leurs toits de chaume, égorgèrent leurs femmes et leurs enfants, et se précipitèrent ensuite au milieu des flammes. Le fer, le feu ou le lacet, dit un auteur, terminèrent les jours de ceux qui, surpris, n'avaient pu suivre le courageux exemple de leurs frères. Il ne s'en trouva aucun, dit un historien ancien[2], même parmi les plus jeunes, chez qui l'amour de la vie fût assez fort pour leur faire supporter l'esclavage.

Ce fut à l'aide de moyens semblables que Rome asservit la malheureuse Gaule; le sol que nous foulons fut arrosé

---

[1] A environ une lieue d'Annot, chef-lieu de canton, à dix lieues de Castellane, nous avons visité la grotte de Saint-Benoît, très-curieuse par sa vaste étendue et par les magnifiques stalactites qu'on y montre; mais elle est surtout intéressante par la quantité d'ossements humains qui s'y trouvent et qui remontent aux scènes de destruction que nous venons de décrire.

[2] Paul. Oros, l. V, c. xiv, *Epit.*

du sang de ces courageux martyrs de l'indépendance. Les forêts qui nous entourent durent recueillir le dernier cri de rage de ces nobles enfants de la Ligurie, succombant sous le nombre de leurs oppresseurs.

Sextius Calvinus voulut conserver ce qu'il avait su conquérir; il délivra tout le pays compris entre le Rhône et le Var des hordes ennemies qui le peuplaient, et força les populations soumises à se retirer à une distance de plusieurs lieues des côtes de la Ligurie. Le terrain situé le long de la mer fut cédé aux Marsaliotes, qui y jetèrent les fondements de nouvelles colonies sous la protection de leurs nombreuses flottes.

Ce fut ainsi que Marseille, toujours ambitieuse, sut pousser à de nouvelles entreprises sa puissante alliée; la servant de ses trésors, elle eut toujours droit au partage de ses conquêtes.

Nous ne suivrons pas Rome aux prises avec les Allobroges, le cadre de notre ouvrage devant être renfermé à l'histoire du pays qui fait l'objet de notre publication. La lutte fut longue et terrible; Teutomal reparut dans les rangs des Allobroges, en face de Rome, comme le dieu vengeur de ses frères et de sa malheureuse patrie. Mais le jour de la vengeance des peuples n'avait pas encore sonné; le Rhône assista à ce combat de géants[1]; ses flots, grossis par le sang des Arvernes et des Allobroges, charrièrent d'innombrables cadavres vers la mer, et Rome, encore une fois victorieuse, éleva non loin de ses bords un monument superbe qui a

[1] Florus, l. III, c. II.

traversé les siècles en conservant jusqu'à nos jours le souvenir de son triomphe.

De ce jour une province romaine fut établie en deçà des Alpes, sous le nom de province des Alpes maritimes; l'administration fonctionna partout sous la direction des proconsuls romains, dont les exactions poussèrent bien des fois à la révolte ces malheureux peuples, vaincus par la force, mais toujours prêts à secouer leurs chaînes.

Pendant que la nation romaine remplissait le monde du bruit de ses conquêtes, que ses généraux, fiers de tant de gloire, rentraient dans leurs foyers, assis sur des chars de triomphe traînés par des rois vaincus, des hordes barbares s'ébranlaient vers le Nord, et leurs masses formidables menaçaient déjà les régions méridionales. Quelle est la force qui détermina cet immense déplacement de peuple? quelle est la cause qui entraîna leurs migrations vers des pays qui leur étaient inconnus, à des distances aussi considérables?

C'est que le moment de la vengeance des nations était venu. Rome conquérante, Rome dominatrice, Rome oppressive partout, avait un compte redoutable à rendre en face des peuples écrasés par sa puissance.

Aussi des hordes cruelles et barbares étaient tenues en réserve derrière les éternelles glaces du Jutland, prêtes à remplir cette haute mission de vengeance. Les farouches enfants d'Odin, détachés de ces races asiatiques dont l'histoire se perd dans la nuit des temps, avaient planté leurs tentes dans ces pays déshérités, au milieu de ces frimas éternels où la lumière arrive, pâle et décolorée, à travers ces immenses prismes de glace.

Un jour, des bruits inconnus et terribles retentirent au milieu de ces solitudes sauvages ; les Kimris, peuplade méridionale du Jutland, virent fondre sur eux des hordes épouvantées qui arrivaient du côté du Nord[1], racontant des catastrophes impossibles à décrire, et qu'ils attribuaient, dans leur grossière ignorance, à la colère de leur farouche divinité. C'étaient les Teutons qui fuyaient devant les vagues de l'Océan furieux qui avait englouti leurs tentes, submergé des tribus entières, et les Kimris, épouvantés par ces récits, pouvaient déjà entendre la voix menaçante des flots qui s'avançaient pour les engloutir[2].

Une commune infortune réunit les deux peuples, et Kimris et Teutons, ne formant plus qu'une même famille, résolurent de quitter des lieux inhospitaliers, incessamment exposés aux révolutions d'une nature violente, et se lancèrent impétueux, comme les vagues qui les avaient déplacés, vers les nations méridionales du Sud.

Trois cent mille guerriers composaient cette horde immense[3], qui traînait après elle une innombrable quantité de bêtes de somme, de chariots chargés de femmes, d'enfants et de vieillards. Les Kimris avaient pour chef Boïorix ; Teutocokhe commandait les Teutons. Jamais guerrier ne fut

---

[1] Appian. *Bell. Illyr.*, p. 751.
[2] Strabon, l. VII, p. 293.
[3] Plut., *In Mario*.

entouré de plus de prestige et de plus de puissance ; il gouvernait ces masses par l'autorité de sa force et de sa haute stature. Appuyé sur sa lance, il franchissait d'un saut six chevaux rangés de front.

Aussi la Gaule conserva-t-elle longtemps le souvenir de ces hordes sauvages, qui promenèrent le carnage, le viol et l'incendie pendant plusieurs années au milieu des populations effrayées.

Sans ordre, n'ayant aucun plan arrêté d'avance, ces barbares ressemblaient plutôt à une mer furieuse poussant ses vagues écumantes tantôt à l'est, tantôt au midi. Dans cette course aventureuse, elles ramassèrent à leur suite plusieurs tribus helvétiques. Les Tigurins et les Ambrons associèrent leur fortune et accrurent le nombre de ces farouches dévastateurs.

Poursuivant leur marche vagabonde, ils arrivèrent un jour en face des légions romaines, sous les murs de Noréia.

La puissance de Rome était alors à son apogée de gloire; son nom, porté sur l'aile de ses victoires, avait pénétré en tous lieux, et les Kimris-Teutons, dont rien encore n'avait pu modérer la marche envahissante, s'arrêtèrent devant la majesté de la puissance romaine.

Noréia était, de ce côté, la clef de l'Italie; Rome s'était émue en voyant arriver vers elle cet orage formidable; déjà du Capitole on croyait sentir l'haleine brûlante de ces masses innombrables qui marchaient toujours à la lueur de l'incendie.

Le consul Papirius Carbon fut envoyé à leur rencontre ; il se hâta de s'emparer des défilés, et, du haut des montagnes gigantesques qui bordent la Norique, il surveilla les mouvements des ennemis arrêtés et indécis. Des négociations furent entamées. Le consul leur envoya des paroles superbes : « Je vous ordonne de vous retirer, dit-il aux chefs barbares ; respectez un pays allié du peuple romain, ou craignez sa colère. » Les Barbares, subjugués par cette puissance sans rivale, supportèrent ces paroles et firent des propositions humiliantes. Le consul, enhardi par le succès de sa première entrevue, résolut de frapper un grand coup pour profiter de l'indécision des Barbares.

Aussitôt l'armée romaine s'ébranle ; la nuit favorise cette audacieuse entreprise. Les Kimris-Teutons sont investis de toutes parts ; le carnage est horrible ; mais les fiers enfants d'Odin s'éveillent aux cris des assaillants ; quoique surpris, ils portent dans les ténèbres de terribles coups, et, quand le soleil vint éclairer le champ de bataille, les Romains, effrayés du nombre de leurs morts et favorisés par un orage qui fondit sur les combattants, cherchèrent leur salut dans une fuite honteuse.

La clef de l'Italie était entre les mains des Kimris-Teutons ; mais la majesté de Rome sauva encore une fois le sol romain de l'invasion étrangère. Les Barbares, au lieu de poursuivre leur route, se replièrent sur la Gaule, qui fut ravagée, incendiée sur tous les points. Les armées romaines, battues dans maintes rencontres, démoralisées, se replièrent sur le Rhône, dernière barrière de l'empire romain que les ennemis menaçaient de franchir. Une armée se présenta pour en défendre le passage; le sénat romain fit la faute de partager le commandement entre Manlius et Cépion. Une nouvelle défaite attendait l'armée romaine : les Barbares, enhardis par tant de victoires, se précipitèrent sur les légions romaines avec furie; le choc fut terrible[1]. Ce ne fut point un combat, ce fut une affreuse boucherie d'hommes et de chevaux. C'est que la rage fut égale des deux côtés; mais Rome devait encore succomber devant ces armées indisciplinées. Le jour de la vengeance des peuples était venu; son orgueil devait être abaissé devant tant de nations opprimées par sa puissance.

Cette bataille eut lieu le sixième jour du mois d'octobre, cent cinq ans avant l'ère chrétienne. Quatre-vingt mille légionnaires, quarante mille esclaves, périrent dans cette affreuse journée, marquée de deuil dans les fastes de Rome. Dix hommes seuls restèrent debout pour porter dans leur patrie la nouvelle de cette épouvantable journée. La consternation fut grande à Rome lorsque la nouvelle de cet immense désastre y arriva; et, quand le préteur monta à la tribune pour annoncer le jour à jamais maudit de cette funeste bataille, d'étranges rumeurs partirent dans l'assemblée consternée.

L'imagination populaire, frappée par de si grands désas-

[1] Plut., *In Mario*.

tres, auxquels elle n'était point habituée, représentait les Teutons comme une armée de géants, qui avaient dévoré de leurs souffles brûlants les six armées, autrefois invincibles, que Rome avait voulu leur opposer.

Le sénat, frappé de stupeur devant la défaite de tant d'armées habituées à la victoire, dérogea, dans cette mémorable circonstance, aux usages les plus respectés, et nomma consul Marius, absent, comme le seul général capable de sauver l'Italie et de vaincre les Barbares.

L'histoire nous a laissé le portrait de ce Marius, auquel Rome confia le soin de son salut. Dans ce moment suprême, elle s'adressa à cet homme, qui, né au milieu des champs, possédait toutes les vertus militaires qui font les héros, mais dont les formes rustiques contrastaient avec l'élégance des manières patriciennes de l'époque. Ennemi juré de la noblesse, qu'il attaquait par la véhémence de ses discours, par l'ironie de ses paroles, il cherchait plutôt des partisans parmi la plèbe dont il était sorti et dont il faisait un marchepied à son ambition démesurée. Esclave de la discipline, il l'imposait à ses soldats par l'autorité de son exemple. Trempant son pain dans le vinaigre, couchant sur la dure, ne prenant que le sommeil strictement nécessaire à l'homme, il interdisait par la frugalité de sa vie toute plainte à ses compagnons d'armes, desquels il exigeait les plus grands sacrifices, les plus dures privations dans les moments extrêmes.

Tel était l'homme qui mérita le choix du sénat romain dans ces circonstances difficiles; aussi voulut-il se rendre digne d'une aussi haute mission, et réaliser les espérances que la patrie avait fondées sur ses talents militaires.

Il accourut dans la province, et, pendant que les Kimris-Teutons, toujours subjugués, quoique vainqueurs, par le grand nom de Rome, avaient porté leurs pas errants en Espagne, où le fer et le feu de ces Barbares jetèrent longtemps l'épouvante et la mort, Marius, secondé par les Marseillais, prépara des moyens formidables de défense à l'embouchure et sur les bords du Rhône. Voulant surtout rendre faciles les approvisionnements de son armée, il répara les routes qui de l'Italie conduisaient dans la Gaule, l'une, la voie Domitienne, qui passait par le nord de la Ligurie et allait aboutir à Arélate, aujourd'hui Arles; l'autre, qui passait par les côtes de la Ligurie, et qui devait prendre plus tard, sous Auguste, le nom de voie Aurélienne. Il rendit plus accessibles les ports de la côte ligurienne, tels que ceux de Castrum Massaliorum, et ceux de Néopolis, aujourd'hui Cannes, et la Napoule, pour recevoir par mer des subsistances de l'Italie et les faire parvenir par terre à l'aide de la voie romaine qui traversait ces deux bourgs, sur les bords du Rhône, où il concentrait ses moyens de défense.

Puis, pour utiliser les produits du nord de la Ligurie, il essaya de rendre l'Acro (la Siagne) navigable, et commença des travaux importants à son embouchure; il organisa des greniers dans diverses localités : c'est ainsi que Grasse devint un de ses entrepôts, et qu'il relia ce lieu avec celui d'Adhoréa, aujourd'hui Auribeau, par une route qui, partant de Grasse, coupait la plaine de Laval, et traversait la Siagne un peu au-dessous du quartier appelé aujourd'hui *Cambo-Toirto*, où l'on voit encore les restes d'un ancien pont romain submergé par les eaux; puis, parcourant la rive droite

AURIBEAU.

de la Siagne, cette voie que l'on appelle encore aujourd'hui, en provençal, *Camin-Roumiou*, ou *Dei Roumegoun*, allait aboutir à la Napoule, et rallier ainsi la voie Aurélienne.

C'est à l'aide de ces grands moyens d'approvisionnement sur tous les points de la Ligurie que Marius put soutenir sa nombreuse armée, et préparer la mémorable victoire qu'il remporta sur les Ambro-Teutons, lorsque ceux-ci, chassés de l'Espagne par la résistance des Celtibères, se replièrent de nouveau sur la malheureuse Gaule, avec le projet d'envahir l'Italie, par deux points différents, et effacer à jamais le nom romain.

C'est par le génie de ce grand capitaine que les flots de ces armées barbares vinrent expirer dans les plaines de Pourrières, non loin d'Aix, et préserver de leur sauvage invasion cette partie de la Provence que nous habitons.

Cette victoire eut un long retentissement dans les populations de la Provence; le nom de Marius devint populaire et vénéré, et l'on rencontre encore de nos jours, dans certains coins de notre pays, mille dénominations de montagnes, de rochers, de terres, qui rappellent, à travers tant de siècles, le nom du grand génie qui sauva la Provence des excès de la barbarie.

Le triomphe fut proportionné aux services qu'il avait rendus. Marius, deux fois vainqueur dans la même année, fit son entrée dans Rome avec une pompe inouïe : il parut au peuple romain comme le sauveur de la patrie; toutes les mains, toutes les voix, s'élevaient vers lui pour le féliciter, pour le bénir. C'est que le danger avait été grand pour Rome, et le peuple romain avait pu entendre le souffle brûlant des Barbares haletant aux portes du Capitole.

Mais la roche Tarpéienne n'était pas loin de Marius; cette noblesse qu'il avait humiliée, et qui ne lui pardonnait pas d'être né plébéien, travaillait incessamment à sa perte.

Un jour, un rival redoutable se leva devant lui. Sylla, patricien arrogant, veut soutenir de sa main puissante l'édifice croulant de l'aristocratie romaine; il s'attaqua à celui qui, sorti du peuple, lui avait porté les plus rudes coups, et Marius, qui naguère avait mérité le nom de troisième Romulus, fut obligé de fuir en Afrique pour échapper aux coups de son redoutable rival.

Ce fut alors que Rome fut livrée à toutes les horreurs d'une affreuse dictature. Les colonnes du temple de la Concorde, les marbres du Forum, furent couverts de listes de proscription ; le nom de Sylla portait la terreur et la mort au sein des familles ; chaque jour la proscription ou le supplice atteignait quelque nouveau membre. Ceux qui voulurent échapper aux coups de cette abominable tyrannie, et garder dans leurs cœurs le culte de la patrie, vinrent chercher un asile dans la province Romaine, afin de pouvoir profiter du moment favorable pour retourner au foyer domestique.

Mais l'orage qui grondait à Rome ne tarda pas à s'étendre sur cette malheureuse contrée. A peine délivrée des craintes de l'invasion des Barbares, elle se vit en proie à toutes les exactions d'un gouvernement arbitraire. Sylla avait descendu les marches de son gigantesque pouvoir ; il était mort, mais il avait eu un successeur digne de lui dans la personne de Pompée. Celui-ci envoya dans la province Romaine un homme élevé à l'école de Sylla : c'était Man. Fontéius, qui donna, au milieu de notre patrie, un libre essor à la violence de son tempérament, à la cruauté de son caractère ; la Gaule méridionale conserva longtemps les cicatrices des coups qu'il prodigua sur son passage. Entouré d'un appareil effrayant de chevalets, de haches sanglantes et de fouets, il traversait les populations effrayées, semant partout le deuil, la torture et la mort, partout des cris, partout des larmes; et Fontéius, au milieu de ce concert de sanglots et d'imprécations, ne sentit jamais son cœur s'ouvrir à la pitié.

Mais l'indignation était à son comble; la coupe des humiliations et des larmes était pleine; elle déborda à la nouvelle d'un échec éprouvé par Pompée en Espagne. Cette noble terre des opprimés tressaillit d'espoir et de haine, la Ligurie tout entière médita un noble affranchissement, et, pour s'exciter à la lutte, elle n'eut qu'à se montrer l'empreinte du fer de ses bourreaux.

La levée de boucliers fut générale, et les peuples Ligures se donnèrent encore une fois rendez-vous sous les murs de Marseille, cette ville abhorrée, qui, la première, avait appelé les oppresseurs sur la province; mais leurs efforts furent inutiles. Fontéius accourut au secours de Massalie, les insurgés furent ramenés à l'obéissance, et la persécution recommença plus terrible et plus cruelle que jamais.

Alors la Gaule ligurienne, ne pouvant vaincre par la force des armes, envoya à Rome des députés pour porter une accusation terrible contre les excès de Fontéius. Mais le peuple romain, au lieu d'écouter le long martyrologe de ce peuple d'opprimés, accueillit avec d'ironiques risées le costume et l'air étranger des députés gaulois. Cicéron mit son éloquente parole au service du persécuteur, et foudroya, du haut de la tribune, les malheureuses victimes de son client :
« Le dernier citoyen de Rome, s'écria-t-il, est au-dessus du

plus haut chef de cette nation barbare, et le témoignage qu'il apportera ne saurait être infirmé par les accusations du plus recommandable des Gaulois. C'est un tumulte qu'ils veulent occasionner, dit-il; ils viennent, enseignes au vent, assaillir les préteurs désarmés, mais nous serons assez puissants pour combattre leur atroce barbarie. Veulent-ils nous défier? eh bien! nous évoquerons du tombeau C. Marius pour tenir tête à cet Indutiomar, si fier et si menaçant; nous rappellerons à la vie C. Domitius et Fabius Maximus, pour réduire de nouveau les Allobroges et leurs auxiliaires. »

Fontéius fut acquitté, et la province continua à gémir sous l'oppression de ces affreux proconsuls.

Rome, sans cesse déchirée par les luttes ambitieuses des divers partis, vit surgir, à cette époque, l'un des plus grands génies de l'antiquité: ce fut Caïus Julius César, qui, marchant sur les traces du grand Alexandre et voulant éclipser sa gloire, porta ses armes victorieuses dans toutes les parties du monde. La partie de la province Romaine dont nous avons entrepris l'histoire resta étrangère à ses grands exploits; elle respira même un instant, comme oubliée au milieu de cet embrasement général; elle vit, à cette époque, les nombreuses légions romaines traverser son territoire pour aller soumettre son ancienne ennemie, Marseille, qui tenait pour Pompée. La race Ligure tout entière dut battre des mains en voyant succomber cette cité ambitieuse, qui avait si souvent attiré l'orage sur la patrie; elle dut assister joyeuse et descendre des montagnes les plus éloignées pour venir jouir de l'abaissement de Marseille, lorsque César, vainqueur, lui réserva une dernière et sanglante humiliation. Pendant quatre jours, une pompe inusitée de rois vaincus défila aux regards des Romains et des peuples accourus de tous les poins de la Ligurie sous les murs de Marseille ; puis, pour terminer cet immense cortége, on vit s'avancer une image de ville que des chaînes de fer enlaçaient de toute part : c'était l'orgueilleuse Marseille, sculptée en bois, avec ses tours et ses créneaux, et baissant devant Rome et devant la puissance de César son front humilié.

Là ne devait pas s'arrêter la colère de César ; il résolut la ruine de Marseille, en lui donnant plusieurs rivales dans la Méditerranée. Mais, de toutes les colonies que César fonda dans ce but, celle de Forum Julii (Fréjus) fut la plus splendide et la plus redoutable. Au milieu de quelques misérables cabanes habitées par une obscure tribu gallique, s'élevèrent bientôt, comme par enchantement, de somptueux édifices; des aqueducs gigantesques, des thermes, des arènes, complétèrent bientôt l'établissement d'une colonie puissante; un port, auquel un vaste canal amenait les eaux de la Méditerranée, fut instantanément creusé; de puissantes bornes, taillées dans le porphyre bleu de l'Estérel, fixèrent aux larges quais de Forum Julii les navires venus de tous les points connus du globe. La voie Aurélienne, largement tracée, amena à ses marchés et à ses combats de bêtes tous les peuples du littoral et de l'intérieur de la Ligurie.

Mais les calculs de la haine et de la vengeance du premier

des Césars furent trompés. Marseille continua à prospérer, tandis que Fréjus s'est retiré devant les flots, et le voyageur qui traverse aujourd'hui son enceinte retrouve avec peine, au milieu de ses ruines, les traces d'une ville maritime.

Auguste, successeur de César, continua la politique de son prédécesseur; il dota Forum Julii d'établissements somptueux, fit achever le port et y envoya une colonie de soldats de la huitième légion pour l'aider à mettre à exécution les vastes projets qu'il avait conçus. Il fit construire un arsenal pour la marine, un phare pour éclairer la marche des galères. Il fit venir à grands frais, à l'aide d'un aqueduc, les eaux de la Siagne, qui traversait à peu près dix lieues d'un pays des plus accidentés, au milieu de difficultés sans nombre, devant lesquelles les sociétés modernes tombent en admiration [1].

Les grandes libéralités d'Auguste pour Fréjus lui firent donner par Pline le nom d'*Octavorum Colonia*. Par des menées secrètes, cet empereur continua la politique de César à l'égard de Marseille, et chercha à entraîner les colonies du littoral à se détacher de leur métropole. Antipolis répondit la première à cet appel, et, abdiquant le souvenir de son antique origine, elle demanda à devenir ville romaine, comme faisant partie de l'Italie; le sénat romain délibéra sur la demande d'Antipolis et y fit droit.

[1] Le baron de Roquataillade, au-dessous de Mons, au nord de l'arrondissement de Grasse, offre encore un imposant vestige de la grandeur de ce travail : une fort belle route y conduit de Fayance.
[2] Strab., l. IV, p. 184.

Auguste attacha la plus grande importance aux routes, comme moyen de civilisation; aussi les fit-il construire d'une manière durable. C'est ainsi qu'il créa ces vastes réseaux qui aboutissaient jusqu'aux confins de ses conquêtes; il fit agrandir et rectifier le chemin qui partait de Rome, arrivait à Nice, côtoyait toute la Provence, et posait sa dernière borne milliaire à Empurias, en Espagne.

Ce chemin, qu'il appela voie Aurélienne, a laissé dans notre

RUINES DU CHATEAU DE LA NAPOULE.

ville un vestige de son existence : c'est le pont du Riou, qui élève ses trois arches romaines sur le torrent du même nom, près de la fabrique à huile de M. Barbe. La voie romaine, se dirigeant ensuite le long du littoral, passait à la Napoule, qui fut une colonie grecque, ainsi que nous l'avons dit plus haut; elle prit plus tard le nom d'*Avenionetum*, mais son ancien nom grec lui fut restitué par les comtes de Villeneuve, qui en devinrent les seigneurs dans le treizième siècle.

C'est là que cette illustre famille, l'une des plus anciennes de la Provence, fit bâtir ce château fort, dont les créneaux renversés, dont les hautes tours sombres, s'harmonisent si bien avec le paysage qui les entoure. On croit voir encore, au milieu de cette vaste cour d'honneur, les hommes d'armes et les preux chevaliers retournant des croisades, reçus par la noble châtelaine de céans. On croit entendre le hennissement des chevaux, l'aboiement de la meute prête à partir pour la chasse à courre dans ces vastes plaines, dans ces sombres montagnes, jadis si giboyeuses. Et si l'on se représente surtout la noble et mâle figure de ce Villeneuve, qui reçut le glorieux surnom de *Riche d'honneur*, errant au milieu de ces ruines muettes et désertes, le paysage s'anime, et l'on se trouve en face de mille souvenirs d'inépuisables rêveries.

Il y a deux opinions touchant l'origine de cette illustre maison, qui a donné à la Provence tant de grands capitaines, tant de savants illustres : les uns veulent qu'elle y soit arrivée à la suite des princes de Barcelone, rois d'Aragon, en l'année 1120; les autres, qu'elle ait pris naissance en Provence, et qu'elle ait eu pour berceau le château de Villeneuve, situé dans le petit village de ce nom, entre Nice et Antibes, et que de là elle ait étendu ses rameaux jusqu'en Aragon. Cette dernière opinion nous paraît la plus vraisemblable;

tant il y a que cette famille a donné naissance à plusieurs génies d'un caractère éminent.

Raymond de Villeneuve est le plus ancien de cette famille dont l'histoire fasse mention ; on trouve son nom cité parmi les principaux barons et gentilshommes de Provence qui embrassèrent le parti de la princesse Étiennette des Beaux dans la guerre qu'elle eut à soutenir, en l'an 1145, contre le comte de Provence.

Mais le plus illustre des Villeneuve fut, sans contredit, Romieu de Villeneuve, surnommé le Grand, seigneur-baron de Provence, connétable et ministre d'État de Raymond Béranger, comte de Provence, surintendant de ses finances et son grand sénéchal ou bailli. Il a laissé derrière lui de si glorieux souvenirs, que l'histoire parle de ses vertus avec une exagération qui s'éloigne souvent de la vraisemblance. Ce fut lui qui, par de sages économies, parvint à relever la fortune de Raymond Béranger, gravement compromise par les prodigalités de ce prince ; aussi trouva-t-il, au milieu de sa carrière, des ennemis implacables qui parvinrent, par des menées coupables, à le faire soupçonner de son maître. Celui-ci lui demanda un jour un compte sévère de sa gestion ; mais Romieu, loin d'accuser son prince d'ingratitude, rendit ses comptes avec tant de fidélité, qu'il prouva d'une manière indubitable que non-seulement il n'avait point détourné les deniers de son maître, mais que celui-ci était son débiteur pour de fortes sommes ; et il en résulta une quittance, en date du 20 mai 1241, par laquelle ce prince lui donne non-seulement les plus grands éloges sur sa noble conduite à son égard, mais encore il se reconnaît son débiteur pour une somme de treize cents marcs d'argent que son fidèle ministre avait employée, dit-il, aux plus urgentes affaires de son État; de sorte que les calomnies répandues par les ennemis de Romieu, loin de tourner à sa ruine, ne firent que l'élever dans l'esprit de son prince, qui voulut lui en donner une preuve éclatante en le nommant, par son testament, tuteur de sa fille Béatrix, héritière des comtes de Provence et de Forcalquier.

Fidèle aux volontés de son illustre maître, Romieu accepta cette auguste tutelle, et parvint, par son adresse et son dévouement, à marier la princesse Béatrix à Charles de France, comte d'Anjou, frère du roi saint Louis, et, par cette alliance de l'héritière de Provence avec un fils de France, notre pays passa plus tard dans le domaine de la couronne de France, dont la principale gloire doit revenir à l'illustre Romieu de Villeneuve.

Nous avons cru devoir, en face de ces murs écroulés, noircis par le temps, évoquer les souvenirs des illustres hôtes qui habitèrent ces lieux; leur histoire serait bien longue si nous voulions entrer dans la longue énumération de leurs vertus. Nous nous contenterons de citer leur devise, qui peint si bien le caractère de cette noble famille, et qui fut toujours le mot *libéralité*. Toutes les branches de la maison de Villeneuve portent de gueules fertées de six lances d'or, accompagnées de petits écussons semés dans les claires-voies de même, et sur le tout un écusson d'azur chargé d'une fleur de lis d'or, en mémoire de la concession faite à Louis de Villeneuve, surnommé *Riche d'honneur*, premier marquis de Trans, avec deux sirènes pour supports.

Plus loin, la même voie passait à Théoule, ancienne dépendance du port de la Napoule, et, gravissant les pentes escarpées du littoral, au milieu des terrains d'épanchements volcaniques, elle suivait la côte jusqu'à Forum Julii. Cet espace est encore tout parsemé de souvenirs de son origine; les habitants du pays l'appellent encore, en provençal, *lou Camin Aurelian*. On rencontre, non loin du poste des douanes, appelé la Galère, un magnifique golfe bordé de hautes montagnes qui arrêtent les vents du nord et de l'est. La situation de cette baie est des plus pittoresques; la température y est tiède pendant les mois d'hiver. Si l'on ajoute à cela les souvenirs historiques qui se rattachent à cette position, la beauté merveilleuse des montagnes qui l'entourent, on aura une idée de la charmante baie d'Antéa[1].

D'après un auteur, les Phocéens jetèrent sur ce rivage les fondations d'une ville qu'ils appelèrent Athénopolis; l'une des montagnes qui dominent cette position porte le nom de Montubi, corruption de l'appellation latine *mons urbis* (montagne de la ville). En continuant à suivre cette voie, autrefois parcourue par de nombreuses légions romaines, aujourd'hui fréquentée par quelques rares touristes ou par quelques

---

[1] La Figeirete.

douaniers, on arrive au poste d'Aurèle, qui a conservé sa dénomination antique de la voie Aurélienne, qui le traversait. Ici la route devait quitter les bords de la mer et s'enfoncer dans la montagne qui domine le poste pour passer derrière le cap Roux; mais les vestiges de son existence sont entièrement effacés. En suivant un étroit sentier, on gravit la montagne d'une manière assez pénible, et l'on arrive à rejoindre l'ancienne voie romaine, qui passe au pied de la Sainte-Baume. Ici le paysage change d'aspect : ce n'est plus la pleine mer avec ses mille caps, ses voiles blanches à l'horizon, qui, par une belle journée d'hiver, semblent suspendues à la voûte du ciel. C'est une nature abrupte et sauvage, bouleversée par des accidents volcaniques qui forment des précipices et des ravins sans fond. L'aspect de ces sombres lieux dut frapper l'imagination des anciens ; aussi bâtirent-ils un temple dédié à Diane Estérelle sur un rocher presque inaccessible, pour mettre les voyageurs sous la protection de cette divinité. Il reste encore des ruines qui attestent l'existence de cette construction antique, que l'on appelle aujourd'hui la Sainte-Baume. On arrive par un sentier formé de marches étroites à cette ancienne demeure de la divinité païenne; l'ascension en est assez difficile, mais on en est amplement dédommagé par le magnifique panorama qui s'offre à vos yeux de cette position élevée. On domine toute la chaîne de l'Estérel avec ses mille pics déchiquetés, qui laissent apercevoir derrière eux, à l'ouest, le fond du joli golfe d'Agay; au nord, les aqueducs romains de l'antique

Forum Julii, au milieu d'une campagne fertile et bien arrosée; à l'est, les îles de Lérins, le cap de la Garoupe, tout le golfe Jouan, les environs de Nice, Villefranche, et le fanal de ce nom; puis, dans le lointain, au milieu des vapeurs bleuâtres d'une belle matinée, du côté du nord-ouest, le sommet du mont Victoire, qui domine le Campus Putridus, où Marius fut vainqueur des Teutons. L'aloès, l'asphodèle, le houx, croissent en abondance au milieu des gigantesques rochers qui en forment l'enceinte.

Suivant la tradition, c'est dans cette solitude que saint Honorat vécut en arrivant dans la Gaule, au retour de ses voyages en Orient. Ce saint anachorète, dit l'histoire, était originaire de Toul et issu d'une famille qui avait donné plusieurs consuls à l'empire. Animé du désir de faire pénitence et de visiter les saints lieux qui virent naître le Christ, il quitta sa patrie et sa famille pour aller vivre dans les déserts de la Thébaïde avec son frère aîné, nommé Venant, et le vertueux et savant Caprais, qui fut toujours le compagnon de ses voyages et de ses travaux. Venant mourut quelques années après à Modon, en Grèce, victime de ses austérités et de ses labeurs. Sa mort toucha profondément le vertueux Honorat, qui avait une vive affection pour son frère, et qui voulut s'éloigner des lieux où tout lui rappelait sa douleur. Il s'embarqua donc pour rentrer dans les Gaules. L'estime et l'amitié qu'il avait conçues pour saint Léonce, évêque de Fréjus, le déterminèrent à se fixer dans son diocèse; mais, comme il aimait la solitude et le recueillement, il refusa les offres que son ami saint Léonce lui faisait de résider auprès de lui, et préféra se retirer dans le creux de ce rocher que l'on appelle encore aujourd'hui la Sainte-Baume. Mais la réputation de sa science et de ses vertus firent accourir des visiteurs des points les plus éloignés du royaume. L'île de Lérins lui parut alors beaucoup plus propre à le dérober au monde, et, en l'année 405 de notre ère, il aborda sur cette terre sainte, où la réputation de ses vertus lui attira de toutes parts des pèlerins qui venaient se mettre sous sa dis-

LA SAINTE-BAUME

cipline. Ce fut alors qu'il exécuta le dessein de faire revivre dans les Gaules la ferveur des moines de l'Orient, et l'île de Lérins fut, en peu de temps, aussi peuplée que les déserts de la Thébaïde. Nous reviendrons ailleurs sur l'histoire de ce pieux cénobite en parlant des îles de Lérins. Nous avons cru que les détails qui précèdent entraient nécessairement dans l'histoire de la Sainte-Baume, et nous avons voulu intéresser le touriste, qui les lira sur les lieux mêmes.

En descendant de cet admirable belvédère, que l'on ne voudrait plus quitter, on retrouve la voie Aurélienne, traversée par une délicieuse fontaine dont la nature a fait tous les frais. Elle roule ses eaux limpides et fraîches au milieu d'un champ d'héliotropes d'hiver. C'est là que le pèlerin s'arrête ordinairement pour prendre son frugal repas, assis sur des blocs de pierre que la main des générations a placés dans ce but. De ce point, on est à environ vingt kilomètres de Cannes; la promenade est un peu longue[1], mais elle est si attrayante, qu'on est entraîné à la pousser plus loin, d'autant mieux qu'à partir de ce point, à Saint-Raphaël, la voie Aurélienne est carrossable; après l'avoir suivie pendant un kilomètre environ, on rencontre une borne milliaire renversée au bord du chemin. La partie supérieure de cette pierre a été détachée du bloc et se trouve à cinq ou six mètres de la voie, dans les ravins. Elle porte l'inscription suivante, en lettres romaines encore assez bien conservées :

TRIBVNITIA
PoTesTaTe xx
VIIII

[1] On peut s'y rendre par mer dans trois heures.

On arrive, après une heure et demie de marche, dans la plaine d'Agay, à un vallon délicieusement ombragé par une forêt de lauriers-roses. Ici on se trouve encore en face de souvenirs antiques : c'est là que fut l'ancien Portus Agatonis des Romains, d'après l'*Itinéraire* d'Antonin.

Jamais lieu ne fut mieux disposé pour recevoir une magnifique et grande cité; on s'étonne de n'y rencontrer que quelques misérables cabanes de pêcheurs et le château de la famille d'Agay, grande construction carrée sans caractère d'architecture, mais dont les murs, noircis par le temps, cadrent assez bien avec la sévérité du paysage qui l'entoure.

Les grandes montagnes qui défendent le golfe du côté du nord présentent les formes les plus bizarres et les tons les plus chaudement accentués; on dirait qu'elles ont pris la couleur du soleil qui les éclaire : elles sont d'un rouge de feu qui se reflète dans les eaux du golfe, presque toujours tranquille, tant il est abrité par une ceinture de rochers noirâtres qui contrastent avec la richesse du fond du tableau, et qui servent en quelque sorte d'écran à ce magnifique effet de lumière et de couleur.

L'entrée de ce port naturel est défendue, du côté de l'est, par un vieux fort d'une forme assez bizarre, et dont le plan n'a certainement pas été tracé par Vauban. On attribue sa construction à Charles-Quint lors de son entrée en Provence.

En face, du côté du couchant, sur un rocher taillé à pic, à une assez grande élévation, se dessinent, sur le crépuscule d'un soleil couchant, les formes sombres d'une construction antique : c'est la tour du Darmont. Toute une légende se déroule sur ce vieux monument et rejaillit, avec ses cou-

LA TOUR DE DARMONT.

leurs lugubres, sur la sévérité du paysage. C'est qu'il s'agit de la malheureuse et coupable Jeanne de Provence. Les souvenirs de sa lamentable histoire accourent en foule, et l'on se prend à rêver devant cette tour noircie par les ans qui donna asile à cette reine infortunée.

Ce fut à la suite d'une révolte des barons provençaux qu'elle vint chercher un refuge dans les murs de ce vieil édifice. Ce fut de là, s'il faut en croire la légende, qu'elle dit un éternel adieu à sa belle terre de Provence. Un navire conduit par un fidèle capitaine la ramena dans son royaume de Naples, où de nouveaux malheurs l'attendaient; car, à son arrivée, elle se trouva en butte aux intrigues d'Urbain VI, qui s'était ouvertement déclaré contre elle, et qui parvint, par ses menées, à détrôner la malheureuse Jeanne en servant l'ambition de Charles de Duras, son compétiteur. Celui-ci entra dans Naples le 16 juillet 1385, après avoir été couronné à Rome par le pape, et vint mettre le siége devant le Château-Neuf, où la reine s'était enfermée avec toute sa cour. De là, elle envoya des émissaires dans la Provence pour tâcher de réveiller, par le souvenir de ses bienfaits, l'amour un instant attiédi de ses fidèles Provençaux. Les Marseillais et les États de Provence oublièrent leurs griefs devant les infortunes de leur malheureuse souveraine : ils se hâtèrent d'envoyer une armée navale à son secours; mais, malgré toute leur diligence, les galères arrivèrent trois jours après la capitulation du Château-Neuf, et les Provençaux, désespérés, trouvèrent Jeanne prisonnière de Charles de Duras. Celui-ci, comptant sur l'abdication de la reine en sa faveur, lui permit une entrevue avec les commandants des galères provençales, dans l'espoir qu'elle parlerait en sa faveur; mais Jeanne, loin de servir l'ambition de son persécuteur et humiliée de se voir sa prisonnière, adressa à ceux-ci un discours qui peint bien la fermeté de caractère de la malheureuse princesse.

« Les bienfaits dont mes ancêtres et moi, dit-elle, avons comblé votre nation, le serment de fidélité que vous m'avez prêté, méritaient que vous fussiez plus diligents à me secourir. Livrée aux rigueurs de la faim, réduite aux dernières extrémités, j'ai souffert tout ce que les soldats les plus aguerris seraient à peine capables de souffrir. Si le retard de la flotte n'a été occasionné que par un contre-temps, comme je veux le croire, s'il vous reste quelque souvenir de mes bontés, si vous respectez le serment qui vous lie, s'il est encore dans vos cœurs quelque étincelle de cet amour dont vous m'avez donné tant de preuves, je vous conjure de ne jamais obéir à l'ingrat, au tyran qui me retient prisonnière et qui m'a fait tomber du trône dans l'esclavage ; je vous préviens même que, si l'on vous présente quelque écrit, par lequel il paraisse que je l'ai fait mon héritier, vous devez le regarder comme faux, ou comme arraché par la violence et contre mon intention.

« Ma volonté sera toujours que vous reconnaissiez pour souverain dans mes États au delà des monts le duc d'Anjou, que j'ai nommé mon héritier universel et chargé de me venger des outrages qu'on me fait. Partez, allez vivre sous ses lois ; que ceux d'entre vous qui sont le plus touchés de mes bontés et de l'état déplorable où je me trouve se disposent à défendre mes droits par la force des armes et à prier Dieu pour le salut de mon âme. Ce ne sont pas de simples exhortations que je vous fais ; vous êtes mes sujets, je me sers des droits que le ciel m'a donnés sur vous ; je vous le commande. »

Les Provençaux ne purent soutenir la présence de leur reine prisonnière ; après ces paroles empreintes d'une dignité à la fois noble et touchante, les commandants fondirent en larmes et quittèrent leur souveraine, bien résolus à faire un dernier effort pour la venger ; mais que pouvait leur dévouement contre les forces réunies de tout un royaume, surtout lorsque l'insurrection des barons provençaux n'était pas entièrement apaisée ?

Charles, craignant l'arrivée des troupes françaises, conduites par Louis d'Anjou, que Jeanne avait nommé son héritier et son vengeur, résolut de se défaire de sa malheureuse rivale. Oubliant ce qu'il se devait à lui-même et à la majesté du trône, il eut l'inhumanité de faire étouffer sa prisonnière entre deux matelas, selon quelques auteurs, et, selon d'autres, de la faire étrangler au milieu du silence de la nuit, le 22 mai 1382. Comme si une reine dépouillée de son diadème, privée de sa liberté, séparée de son époux, abandonnée à la dureté de ceux qui la servaient, n'était pas assez punie de ses fautes, sans qu'il fût besoin de lui arracher un reste de vie qu'elle consumait dans les larmes !

Telle fut la fin tragique de cette malheureuse princesse : elle mérita, par des qualités brillantes et une conduite plus qu'imprudente, les éloges et la censure des historiens de son temps, et fut tour à tour, pour son peuple, un objet d'indignation, d'amour et de pitié. Lorsque la tranquillité de l'État lui permit de s'occuper du gouvernement, elle montra une modération, une sagesse et un amour pour la justice qui la firent regarder comme une des plus grandes reines de son siècle. Née avec un esprit vif et pénétrant, douée d'une éloquence touchante à laquelle les grâces de sa personne prêtaient un puissant attrait, elle gagna l'amour de ses sujets, tandis que, par une politique éclairée et une fermeté rare, elle déconcerta souvent les projets de ses ennemis. Tant qu'elle gouverna paisiblement, la religion fut protégée, les lois respectées, les talents encouragés et l'indigence secourue partout où sa noble main put atteindre.

Mais cet éclat que tant de qualités répandirent sur son règne fut terni par cette grande sensibilité qui devient trop souvent funeste aux femmes.

Elle éprouva dans sa jeunesse les faiblesses de l'amour et les emportements de la haine, deux passions qui furent la source de tous ses malheurs. Le même historien lui reproche d'avoir été prodigue, et, quoique sa libéralité ne tombât que sur l'indigence, sur les talents, sur les travaux utiles, sur les services rendus à l'État, c'est-à-dire sur des objets faits pour la justifier et l'ennoblir, cependant, comme elle n'était pas toujours réglée par cette prudence qui fait mettre une juste pondération entre les revenus et les dépenses, elle dégénère en défaut dangereux, comme toutes les vertus des souverains quand elles sont outrées.

Tel est le portrait que nous ont laissé les historiens de son temps de la malheureuse Jeanne de Provence. Nous n'avons pu résister au désir de raconter le dernier épisode de sa vie en face des lieux qui en furent témoins, et d'où elle jeta un dernier regard sur cette terre bien-aimée de Provence où son souvenir est encore tout vivant. Gravissez, en effet, les pentes escarpées du Tanneron, au nord de l'Estérel, vous y rencontrerez un peuple à l'aspect sauvage, au caractère indompté, mais hospitalier. Assis à l'âtre du foyer rustique, sous le toit enfumé de leur cabane, demandez-leur quelle fut la reine Jeanne de Provence : « La *Reino Jeanno*, vous répondront les vieillards, fut notre reine bien-aimée ; c'est elle qui donna à nos ancêtres les terres que nous cultivons ; » et, malgré la distance des siècles, la reconnaissance de ce peuple de paysans est encore aussi vivace que le sentiment de leurs droits.

C'est qu'en effet la reine Jeanne avait donné aux habitants de ces montagnes, essentiellement arides, le droit de cultiver les plateaux ; elle défendit, dans sa sage prévoyance, la culture des pentes rapides de ses contrées, toutes formées de terrains granitiques, afin d'empêcher ainsi l'action des eaux qui, entraînant dans les plaines toute la terre végétale, ne laissent plus au sommet des montagnes que des roches décharnées.

Basés sur ces traditions, les habitants du Tanneron ont soutenu, il y a quelques années, un procès contre la commune de Calian et contre plusieurs propriétaires, et ils ont été maintenus en possession de leurs terres.

Mais continuons notre excursion à travers la voie Aurélienne. En quittant la baie d'Agay, la voie romaine laissait le rivage au midi, et s'enfonçait dans une magnifique vallée, en se dirigeant vers Forum Julii. Ici le paysage change d'aspect : ce ne sont plus les rocs aux formes sévères, aux couleurs sombres, qui bordent la baie; c'est un sentier qui s'enfonce sous les ombrages d'une forêt de pins gigantesques, et qui se déroule au milieu d'un vallon de lauriers-roses, de myrtes et d'arbousiers; c'est une délicieuse promenade, d'autant plus agréable, qu'elle conduit aux anciennes carrières de porphyre, exploitées par les Romains, près du torrent de Boulouris, à trois kilomètres environ d'Agay. On y remarque deux blocs de forme parallélipipédique destinés à deux fûts de colonnes qui ne tiennent plus que par une de leurs faces. C'est une roche formée d'une pâte porphyrique de couleur bleue, avec de très-gros grains de quartz cristallisé, dont la blancheur ressort parfaitement sur le fond de la masse.

Les Romains tirèrent un très-grand parti de ces carrières, et beaucoup de monuments de Rome, que l'on croyait construits avec le porphyre bleu venant d'Égypte, l'étaient probablement avec le porphyre de la vallée de Boulouris.

Nous citerons, à l'appui de cette opinion, l'intéressant mémoire envoyé par M. Tenier à l'Académie des sciences, dans lequel le savant architecte a parlé en ces termes des carrières qu'il a visitées :

« De tous les matériaux précieux dont les Romains ont enrichi la ville de Fréjus, il n'en est point qui puisse soutenir la comparaison avec les porphyres bleus qui étaient employés dans plusieurs monuments. Sur le grand môle et sur le môle du port, on trouve encore en place d'énormes colonnes qui ont servi à amarrer les navires ; quatre anneaux de bronze scellés dans la circonférence témoignent que tel était leur principal usage. Les anneaux n'existent plus, mais on reconnaît la trace du scellement et le point sur lequel l'arganeau devait frapper ; ils devaient avoir vingt-quatre centimètres de diamètre.

« Ce porphyre, d'un ton gris-bleu tacheté de blanc, était généralement regardé comme provenant des granits d'Égypte ; rien n'indiquait que les carrières fussent dans le voisinage de la ville. Les étrangers qui visitent la ville en emportent des échantillons comme d'une roche rare dont le gisement est inconnu ; mais des observations faites à la hâte et sur des ouï-dire sont peu propres à éclaircir une matière qui n'a pas encore été étudiée ; le temps et une investigation exacte peuvent seuls mettre sur la voie des découvertes de ce genre. Il faut enfin revenir au même endroit et recommencer ces observations sous de nouveaux points de vue. Le moindre système ne peut qu'embarrasser et faire perdre la trace des choses les plus simples ; bien heureux si l'on ne perd pas le but après en avoir passé bien près.

« Les anciens l'ont cependant employé dans d'autres endroits que dans le port ; on trouve quelques fûts de colonnes d'un diamètre moindre que les aurays du môle. Un bloc parallélipipède qui se trouve dans un égout à l'ouest de la ville paraît provenir d'un morceau d'architrave. On en rencontre aussi quelques débris sans forme dans les murailles qui environnent le théâtre ; il a été employé en dallage ou comme revêtement. Les débris que l'on trouve sont de très-petite dimension ; on ignore à quels édifices ils étaient appliqués.

« La beauté et la dureté de cette roche, qui offre une solidité à toute épreuve pour les dallages de monuments publics, faisaient regretter de n'avoir aucune donnée sur la position de ses carrières ; c'est en vain que je les ai cherchées en 1828. Cependant j'avais lieu de croire qu'elles existaient dans le pays et non loin de la ville ; car, en côtoyant la mer du côté de l'est, j'avais reconnu quelques galets identiques avec l'objet de mes recherches. De nouvelles courses, entreprises, en 1829, dans cette direction, produisirent un résultat bien plus satisfaisant. A un myriamètre environ à l'est de Fréjus, on commence à rencontrer quelque indication de ces roches dans les cailloux roulés d'un torrent qui prend naissance dans les petites montagnes de Caus. Leur croupe présente de loin l'aspect de montagnes secondaires. En effet, on n'y rencontre pas ces déchirements et ces purs saillants que l'on rencontre à l'Estérel et dans la Sainte-Baume. Leurs sommets arrondis sont loin de déceler la dureté de la roche qu'ils recèlent.

« Le gisement du porphyre couvre plusieurs kilomètres carrés ; mais tout n'est pas propre à l'exploitation. Sa formation a suivi une marche constante de dégradation dans le volume de ses éléments. Les premières roches que l'on rencontre à l'ouest sont composées de cristaux très-volumineux, de quartz et de feldspath ; la pâte grise, quoique également dure, ne présente aucune force de cohésion, parce que les cristaux de feldspath, qui ont jusqu'à trois centimètres de longueur, et qui sont excessivement abondants, détruisent par leur décomposition toute l'agrégation de la roche; elle passe donc à l'état de kaolin, qui pourrait être employé utilement dans la fabrication des porcelaines communes.

« La présence de l'amphibole lui ôte une partie de sa pureté; peut-être, par des lavages bien dirigés, pourrait-on l'obtenir pure. Les eaux pluviales, en lavant la surface de la roche décomposée, entraînent dans les torrents les cristaux de quartz plus ou moins intacts; avec un peu de soin, il serait facile d'en recueillir une grande quantité.

« Le gisement suit le bord de la mer depuis l'endroit nommé les Caus (ou Cabous) jusqu'à la rade d'Agay (Agathon de Ptolémée). En suivant la côte, on rencontre le torrent de Boulouris, qui conduit droit aux carrières exploitées par les anciens. En avançant de l'ouest à l'est, on remarque que les éléments du porphyre diminuent d'une manière sensible; bientôt les cristaux de feldspath ne présentent plus qu'une longueur d'un centimètre dans la hauteur du romboèdre. Il est remarquable que les cristaux de quartz suivent la même dégradation. La couleur de la roche est constante; c'est une pâte bleu turquin, lardée de cristaux de feldspath bleu, de quartz kaolin et d'amphibole.

« C'est là que l'on découvre la première carrière exploitée par les Romains; elle est ouverte dans une roche qui présente des cristaux d'une grande dimension, à mi-côte d'une petite montagne qui s'abaisse dans le torrent de Boulouris; elle se trouve à sept cent cinquante mètres environ de la mer, et seulement à soixante-trois mètres au-dessus de la surface des eaux.

« En remontant le torrent, on se trouve dans une vallée qui s'élargit tout à coup; elle est environnée de petites montagnes, dont la plus haute n'a pas plus de trois cent cinquante mètres de hauteur au-dessus du niveau de la mer.

« Au milieu de la vallée se trouve une bastide où demeure le métayer qui dirige la culture de la ferme; la bastide est à quatre-vingt-dix mètres environ au-dessus du niveau de la mer, et les carrières sont à mi-côte de la montagne du Grand-Deffends.

« C'est là que se trouvent les plus grands restes d'exploitation; trois carrières sont encore dans l'état où les anciens les ont laissées. Le porphyre était exploité par banquettes, et, à la trace, on remarque dans le roc taillé à pic les rainures pratiquées pour enlever les blocs. Elles se traçaient à la masse et au poinçon, suivant une pente de cinquante degrés; lorsque l'ouvrier était arrivé au bas de la roche, il reprenait dans un sens opposé, qui formait sur la pierre de grandes hachures en épi ou en arête de poisson.

« On trouve encore, dans la première carrière, deux blocs parallélipipèdes ébauchés et prêts à être enlevés; ils sont dégagés, des quatre côtés qui tenaient à la roche, par des rainures profondes de trente-cinq centimètres et larges de vingt-cinq centimètres. Pour les enlever entièrement, il serait nécessaire de les détacher seulement du plan horizontal par le moyen d'une entaille à la masse et au poinçon ; on les enlèverait ensuite par le moyen de coins. Ces blocs, qui ont sept mètres de longueur sur quatre-vingts d'épaisseur, paraissent avoir été préparés pour des fûts de colonnes. Comme les terres supérieures et les recoupes couvrent tout le sol, il n'est pas certain que ce soient là les seuls blocs préparés. En général, les couches supérieures ont des fils et des gerçures qui ont motivé un grand travail pour arriver au cœur de la montagne ; mais si, par la suite, on devait rétablir en ces lieux une exploitation, on ébaucherait facilement une carrière par le moyen de la poudre.

« Dans cette partie, les cristaux de feldspath sont d'un plus petit volume ; ils sont plus intimement liés avec la pâte du porphyre, de sorte que la roche présente une égale solidité pour les masses et pour les éléments. Dans le porphyre à gros cristaux, au contraire, la masse de la roche est très-dure ; mais, lorsqu'on a détaché un éclat, on l'écrase facilement, parce que les cristaux se détachent de la pâte.

« Dans la seconde carrière, il paraît qu'on extrayait principalement des blocs cubiques pour les dalles et revêtements. Plusieurs blocs cubant de soixante à quatre-vingts centimètres se trouvent encore en chantier ; il en est même qui paraissent avoir été abandonnés au milieu du chemin. On en rencontre de distance en distance dans toute la longueur des vallons jusqu'à la mer ; ils sont tous percés de ces trous de quatorze centimètres sur dix, que l'on rencontre sur toutes les pierres travaillées par les Romains. Ceux qui étaient destinés à être refendus ont le trou de la louve dans la face la moins large.

« Il est probable que de grands ateliers étaient établis dans cet endroit même, car on trouve un grand nombre de débris de briques, d'amphores et de tuiles; le porphyre n'était pas seulement exploité pour des dalles et des colonnes, on y a encore trouvé de petits objets, des vases, des cubes ébauchés. Malheureusement tous ces objets ont été brisés et employés dans la construction de la Bastide. (Il est probable qu'il existe d'autres ébauches sous les recoupes.)

« Il est probable aussi que les esclaves et les condamnés étaient les ouvriers chargés de l'exploitation de ces carrières. On remarque, près des blocs qui sont encore en place, de petits trous de scellement qui ne paraissaient pas destinés à l'exploitation; ces trous retenaient sans doute les chaînes auxquelles étaient attachés les malheureux chargés de ce pénible travail. La rigueur avec laquelle étaient traités les esclaves qui avaient commis quelques fautes permet d'admettre cette supposition : ils ne quittaient cette place qu'avec les rochers avec lesquels ils étaient identifiés. Nous avons bien vu, de nos jours, des condamnés enchaînés à perpétuité sur les bancs d'une galère; ce supplice n'est pas moins cruel que l'autre. Il ne reste plus de traces du chemin que parcouraient les blocs qui devaient être embarqués, il y a lieu de penser qu'ils étaient charriés à mi-côte, dans la circonférence de la vallée, pour aller gagner ensuite la rive gauche du torrent; la petite baie de Boulouris servait aux embarquements.

« Quelques éboulements qui sont survenus dans la seconde carrière empêchent de voir à quelle profondeur elle s'étend; mais il est certain que, pendant un temps, les exploitations ont été très-considérables, si l'on en juge par les collines environnantes, qui sont toutes composées de recoupes.

« La carrière la plus éloignée de la vue se trouve à une distance de dix-sept cents mètres du rivage; le terrain suit une pente moyenne de quatre-vingt-cinq centimètres.

« La troisième carrière porte des traces d'une exploitation qui diffère des deux autres, des excavations cylindriques empreintes dans les roches annonçant que les colonnes n'ont pas été enlevées d'abord en parallélipipède, mais par masses cylindriques ébauchées dans la roche; les traces sont inclinées, à l'horizon, de vingt-huit degrés; on n'en connaît pas la longueur, parce qu'elles se prolongent dans la terre. C'est cette variété de porphyre qui a produit toutes les amarres dans le port et toutes les colonnes que l'on connaît à Fréjus. La carrière du sud, qui fournit un porphyre moins solide, ne peut avoir servi que pour la décoration; on ne connaît rien, à Fréjus, où il ait été employé.

« La troisième variété qui se trouve en ce lieu, à la surface du sol, en rognons plus ou moins gros, mais qui compose toute la côte depuis Boulouris jusqu'à Agay, offre une cassure composée d'éléments presque confondus. Au premier coup d'œil, on le confondrait avec du granit; il n'existe pas de carrière pour l'exploitation en grand, parce qu'en général il se trouve coupé par des délits qui en rompent la continuité; d'ailleurs, il ne serait pas préférable au granit, et est d'un travail beaucoup plus difficile; on s'est contenté de l'employer pour le pavage de la voie romaine. Ce porphyre n'est pas sujet à se découper comme celui qui contient de gros cristaux; il se trouve en partie recouvert par le grès rouge et les trapps qui bordent la côte.

« La vallée du petit Caus offre en même temps d'autres minéraux intéressants. Les deux petites montagnes, au nord-est, ont leur sommet composé de calcaire primitif sur le porphyre; la montagne qui est le plus au nord contient un filon de fer oxydulé qui paraît s'étendre assez loin; le terrain volcanique se trouve en cet endroit comme sur toute la côte de Fréjus.

« Un mètre cube de porphyre doit peser deux mille quatre cent trente kilogrammes. Il serait facile d'en faire transporter quelques morceaux au bord de la mer et de les embarquer pour Toulon et pour Paris; alors on pourrait se rendre compte du prix de la main-d'œuvre pour en tirer des dalles. Si la dépense première se trouve plus forte que pour les dallages ordinairement employés, leur durée doit être prise en considération, surtout en faisant attention à l'avantage de pouvoir faire arriver à Paris, par eau, les blocs bruts ou travaillés à Toulon.

« Tels sont les matériaux employés par les anciens dans

la ville de Fréjus; on pourrait grossir la nomenclature par plusieurs espèces de marbre, dont on a retrouvé quelques fragments, tels que le vert de mer, le grand antique, le bleu turquin; mais ces marbres ont été employés en si petite quantité, qu'à peine on peut en réunir quelques échantillons. Le cipolin qui se trouve parmi ces débris pourrait bien être aussi un marbre de la contrée.

« Dans les monuments romains, on ne voit pas de traces de l'emploi de la serpentine qui se trouve aux environs de Saint-Tropez. La mode ne commença à s'en répandre que sous les comtes de Provence; les maisons des gentilshommes en étaient décorées, et elle finit par devenir un apanage de la noblesse; cet usage se perpétua jusqu'à ce que la Provence fut réunie à la France. »

Nous avons cru devoir citer textuellement ce mémoire, persuadé qu'il sera utile à tous les amis de l'art qui visiteront ces carrières intéressantes à tant de titres.

La politique des Césars, et en particulier celle d'Auguste, trouva dans ces carrières les matériaux nécessaires à l'embellissement des villes augustales qu'ils s'attachaient à fonder; elle tendit toujours à noyer la population gauloise au milieu de la population romaine. Pour arriver à faire oublier au peuple conquis leur ancienne origine, Auguste employa les moyens les plus énergiques; la religion étant avant tout le drapeau de la nationalité d'un peuple, lorsqu'il est dans l'impossibilité d'en arborer d'autre, il attaqua par des menées adroites le culte déjà si vieux du druidisme. L'humanité doit lui savoir gré d'avoir défendu les sacrifices humains et d'autres cérémonies barbares dont ce culte s'entourait.

Il arriva peu à peu à fondre dans une même religion l'Olympe gaulois, l'Olympe grec et latin, et donna ainsi à tous ces cultes étrangers droit de bourgeoisie au Capitole.

Les Gaulois adoraient, sous le nom de *Kirk* ou *Cirius*, ce vent violent, l'un des fléaux de la Provence, et que nous appelons *mistral*. Auguste, pour flatter la croyance des Gaulois, qui le regardaient comme le plus salutaire de tous les vents, lui éleva un temple à Arles, et il voulut en régler lui-même le cérémonial en qualité de souverain pontife de la religion romaine.

Le druidisme fut bientôt déserté de toute part; les Gaulois, instruits dans les écoles romaines aux divines sources de la littérature grecque et latine, furent bientôt convertis par les sublimes chants d'Homère et de Virgile, et on rougit d'avoir si longtemps ignoré cette religion d'amour, dépouillée de toutes ces cérémonies honteuses nécessaires au culte des druides et de leurs terribles divinités, Heuss et Taran.

Mais les druides ne voulurent point laisser périr sans résistance leur puissance et leurs prérogatives; abandonnés de la noblesse et de la jeunesse intelligente, ils se rejetèrent sur l'ignorance des classes inférieures de la société gauloise, et essayèrent de s'en faire une armée pour sauver leurs croyances et leurs sanglants priviléges.

Leurs sourdes menées effrayèrent le gouvernement romain; Auguste se décida alors à frapper un dernier et terrible coup.

Les druides, poursuivis à travers les forêts sombres où ils avaient transporté l'horreur de leur culte, formèrent une armée sacrée qui se réfugia dans la petite île de Mona, située vis-à-vis la côte des *Ordovikes*, peuple breton.

Les Romains les suivirent sous la conduite de Suétonius, et ce fut sur ce coin de terre, enveloppé d'un crêpe de brouillards sinistres, que vint mourir le vieux culte gaulois; sa mort fut digne de sa vie. Cette armée de prêtres, de sacrificateurs, de devins et de prêtresses échevelées périt tout entière, et la flamme du vainqueur, enveloppant de ses replis terribles les vieilles forêts de l'île de Mona, effaça à jamais la trace de ce culte de sang.

De ce jour la physionomie de la province changea d'aspect, la toge romaine remplaça la saie gallique. Les forêts qui couvraient les riches vallées de la Provence tombèrent sous la hache pour faire place aux somptueuses villas romaines, avec leurs vastes celliers, leurs riches viviers de murènes, leurs bains de marbre, où la femme du sénateur venait plonger sa voluptueuse mollesse, édifices somptueux de la grandeur romaine, dont notre pays fut parsemé, et dont les invasions barbares nous ont enlevé jusqu'au dernier vestige, si ce n'est toutefois la demeure des morts, qu'elles ont respectée, et que la charrue ou la pioche du cultivateur heurte chaque jour.

La jeunesse gauloise, avide de cette science qui lui avait

été jusqu'alors inconnue, se livra avec ardeur à l'étude, et l'on vit surgir à cette époque des talents remarquables, dont les œuvres sont parvenues jusqu'à nous, mais dont cet ouvrage ne comporte pas la longue énumération. On se disputait, dans la province, les livres nouveaux qui paraissaient à Rome, car les descendants de la vieille race des Galls, se dépouillant de leur barbarie, adoptèrent avec empressement les mœurs et le langage brillant de leur conquérant.

C'était une brillante époque pour notre pays, d'autant plus brillante, que toute la noblesse romaine fuyait devant les spoliations iniques de Caligula et de Néron, et se réfugiait dans la province qui prospérait ainsi de la décadence romaine.

Aussi de magnifiques villas s'élevaient partout; pas un morceau de terrain ne restait en friche, partout la bêche ou la hache des légions ouvraient de faciles communications, pendant que Rome marchait à sa ruine et qu'une soldatesque effrénée mettait l'empire à l'encan.

Le calme dont jouissait la province, au milieu des horreurs et des dissensions dont Rome était travaillée, fut interrompu par la lutte de deux prétendants à l'empire. Vitellius et Othon avaient été proclamés Césars par leurs légions. Les cohortes cantonnées dans les Alpes maritimes tenaient pour Vitellius; Othon envoya une flotte devant Forum Julii pour réduire la province sous son obéissance, celle-ci avait déjà adhéré en sa faveur; mais, à l'arrivée des troupes que Valens, lieutenant de Vitellius, avait dirigées vers le littoral de la

Ligurie, toutes les populations se rangèrent sous son obéissance et désertèrent le parti d'Othon. Celui-ci, furieux, parcourut alors les côtes de notre malheureux pays, en y répendant le carnage et la mort. La province, endormie depuis quelques années seulement, au milieu d'une prospérité croissante, fut soudainement réveillée par les cris des populations naguère si paisibles, qu'une soldatesque en furie immolait sans discernement : les vieillards, les femmes, les enfants, suspendus au sein de leur mère, ne furent pas même épargnés.

La populace désarmée courait au-devant des légions othoniennes, espérant trouver dans leurs rangs des frères ou des amis pour les protéger; mais, vain espoir : les soldats, ivres de sang et de vin, ne reconnaissaient plus les liens du sang, ils frappaient toujours, et le viol et le carnage furent étalés sur un champ de bataille sans combat[1].

Marius Maturus, qui était intendant des Alpes maritimes, et qui tenait pour Vitellius, résidait à Cimiez, suivi d'une armée de montagnards; il voulut essayer d'arrêter le flot barbare et mettre un terme aux massacres des Othoniens; il vint leur livrer bataille, d'après quelques auteurs, dans les plaines de Château-Neuf[2], où l'on retrouve encore les restes d'un tumulus romain. Mais sa défaite ne fit qu'exaspérer l'armée ennemie, dont la fureur ne connut plus de bornes; Antipolis et tout le littoral de la Ligurie jusqu'à Vinti-

---

[1] Tacite, l. II, c. xii, xiii.
[2] Entre Grasse et Antibes.

mille en conservèrent longtemps le douloureux souvenir.

Enfin, les secours envoyés par Valens, du côté des Alpes, parurent dans la province; ils se composaient de la cavalerie trévire et de deux cohortes d'infanterie tungrienne, commandées par le trévire Julius Classicus; une partie de ces secours arrivèrent à temps pour préserver Fréjus d'un coup de main, car les Othoniens bloquaient son port avec leurs flottes. L'autre partie, renforcée par une cohorte de Ligures, que les malheurs de leur pays avaient armés pour sa défense, et par cinq cents Pannoniens, se mit à longer la côte par la voie Aurélienne.

Les Othoniens, de leur côté, suivirent leurs ennemis de la mer, et vinrent aborder au fond du golfe de la Napoule, à l'embouchure de l'Acro (la Siagne). Arrivés les premiers sur le champ de bataille qu'ils avaient choisi, ils prirent leur position, placèrent leurs soldats sur le flanc des montagnes voisines, et approchèrent leurs vaisseaux le plus près du rivage, qui s'enfonçait à cette époque bien plus avant dans les terres, afin de soutenir de front le choc de l'armée de Vitellius, qui s'avançait en face de la mer.

Les généraux de Vitellius reconnurent bientôt l'infériorité de leur nombre et de leur position; pour y remédier, ils élevèrent alors ce camp retranché que l'on retrouve encore aujourd'hui dans la plaine de Laval, et qui n'est autre que le mont Saint-Cassien.

Ce mont, retraite paisible d'un vénérable ermite, retentit encore du bruit d'une bataille sanglante; elle eut lieu l'an 69 de notre ère; les soldats de Vitellius furent échelonnés sur les flancs de cette colinne, et, soutenus par les Liguriens auxiliaires; le reste de leur infanterie fut massé derrière la cavalerie trévire, destinée à commencer l'attaque.

L'ERMITAGE DE SAINT-CASSIEN.

Puis hommes et chevaux s'élancèrent dans l'arène sanglante; le choc fut terrible, le courage impétueux de part et d'autre; mais des vaisseaux et des rangs othoniens une pluie de traits tombait incessamment sur les assaillants. Les frondeurs, disposés sur le flanc de l'armée ennemie, faisaient pleuvoir sur les cuirasses et sur les chevaux une nuée de pierres qui déconcertaient les combattants. Les cavaliers chancellent, les chevaux tombent percés de traits, devant l'immobile phalange othonienne, qui résiste à tous les coups. La mort arrive de toute part sur les assaillants, et bientôt la déroute s'empare des soldats de Vitellius. Les Othoniens, rétrécissant toujours leur cercle de bataille, sont sur le point d'enfermer dans un cercle de mort les partisans de Vitellius, et d'anéantir ainsi jusqu'au dernier de ses soldats. Mais la nuit arrive et couvre de ses ombres funèbres ce champ de carnage.

La victoire fut incomplète, car les vaincus parvinrent à se rallier autour du camp retranché qu'ils avaient construit, et voulurent encore disputer la victoire à leurs ennemis.

Profitant d'une nuit épaisse, ils fondirent sur le camp des Othoniens, qui le gardaient avec négligence; la lutte fut terrible, la confusion si grande, que les glaives rencontrèrent des poitrines amies, que des luttes fratricides eurent lieu entre des hommes qui parlaient la même langue, et qui se portaient de terribles coups sans discernement.

Mais les Othoniens reprennent bientôt leur assurance; revenus de leur première frayeur, ils se rallient sur une colline voisine, et, passant aussitôt de la résistance à l'attaque, ils livrent à leurs adversaires de terribles charges; le combat fut long et meurtrier, et quand les premières lueurs du jour vinrent éclairer cette scène de mort, les Othoniens purent voir les phalanges amoindries de leurs adversaires fuyant dans la plaine; mais ils purent voir aussi combien cette victoire inutile leur avait coûté cher, car les plus vaillants hommes de leur armée avaient mordu la poussière dans cette affreuse nuit.

Aussi, par une espèce de trêve tacite, les deux armées s'éloignèrent : les vaincus gagnèrent Antipolis; les vainqueurs, Albiganum, dans la Ligurie italique.

Telle fut la dernière bataille dont les Romains ensanglantèrent les plaines de notre belle Provence; le laboureur promène aujourd'hui, d'un air indifférent, le soc de la charrue sur cette terre arrosée de tant de sang, et si parfois le sol s'entr'ouvre pour livrer à ses yeux étonnés un tronçon d'épée rompue, un crâne décharné, il le recouvre, insoucieux de savoir si ces armes, si ces ossements qui dorment sous ses pieds, ont servi aux progrès de la civilisation ou de la barbarie, si la cause qu'ils défendaient était une cause d'indépendance ou d'ambition privée.

Ainsi les générations s'agitent autour des empires, puis elles meurent, et l'oubli les recouvre comme la terre qui les renferme. La science seule fouille et cherche à suivre à travers les âges la marche de l'humanité.

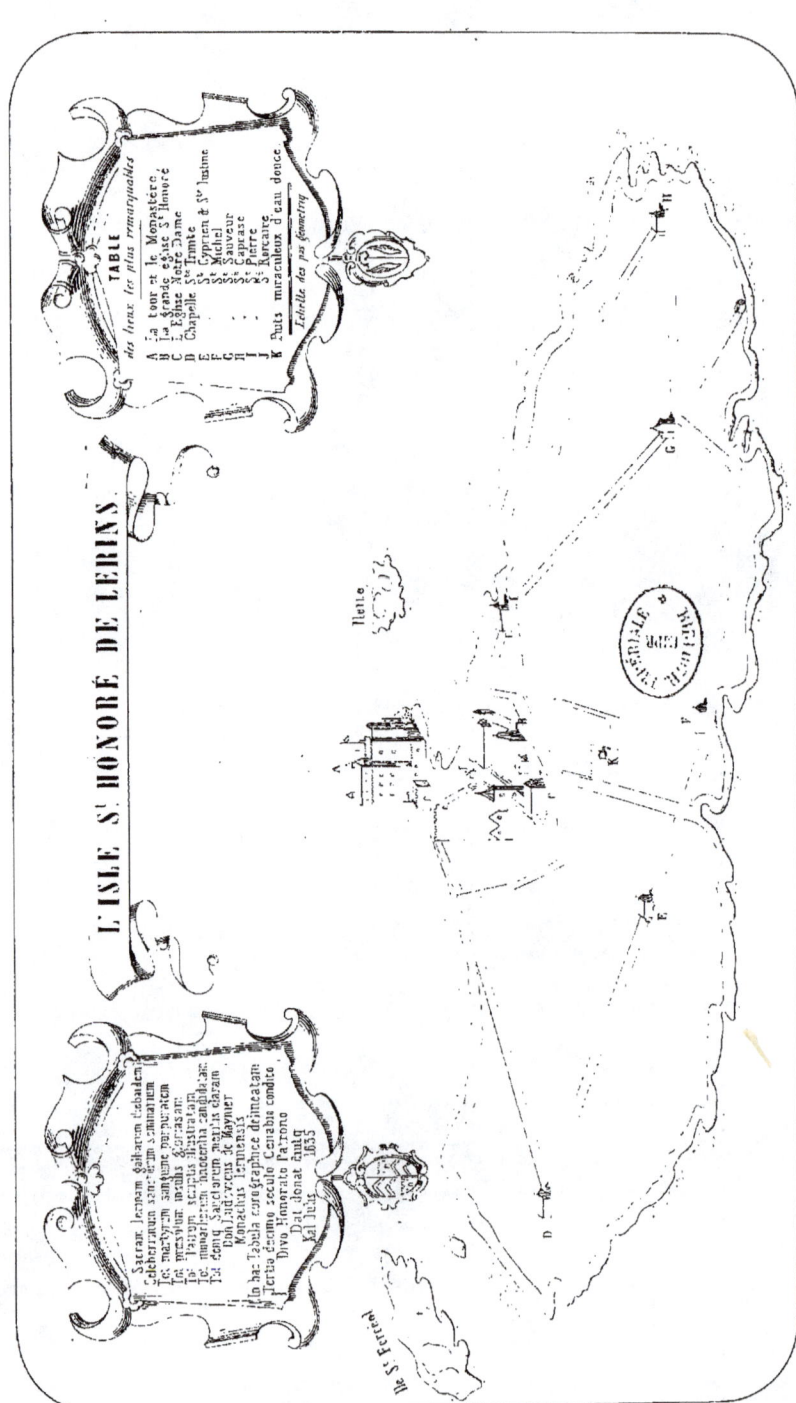

CHATEAU DE SAINT-HONORAT.

CHAPITRE III

Le christianisme dans les Gaules. — Fondation des monastères. — Saint Honorat. — Chronique de Lérins. — Archéologie. — Le Masque de fer. — Ruines romaines. — Inscriptions. — Autels votifs à Neptune. — Mauronte. — Première invasion des Sarrasins dans l'île Saint-Honorat. — Les cinq cents martyrs. — Deuxième invasion. — Le repaire du Fraxinet. — Troisième invasion. — Le pape Honorius II. — Bertrand de Grasse. — Invasion des pirates génois dans l'île Saint-Honorat. — Expédition de la noblesse provençale contre les pirates. — Les Villeneuve. — Les Grimaldi. — Les comtes de Mouans. — Les Durand-Sartoux. — Le pape Adrien VI à Saint-Honorat. — La flotte de Charles-Quint aborde dans l'île. — L'amiral de la Fayette. — François Ier à Saint-Honorat. — Ses libéralités. — La châsse en vermeil. — André Doria. — Invasion des Espagnols dans l'île Sainte-Marguerite et Saint-Honorat. — Le duc de Ferrandines. — Saint-Marc-Chasteuil fortifie la Croisette. — Les Espagnols fortifient les deux îles. — Expédition de Louis XIII contre les Espagnols. — Malentendu entre le comte d'Arcourt et le maréchal de Vitry. — Voies de fait du maréchal de Vitry envers l'archevêque de Bordeaux, à Cannes. — L'expédition est renvoyée. — Nouvelle expédition. — Réconciliation du maréchal de Vitry et du comte d'Arcourt. — Siége de l'île Sainte-Marguerite par les Français. — Capitulation. — Siége de Saint-Honorat. — Prise du château. — La noblesse provençale. — Le duc de Savoie et le prince Eugène passent le Var. — M. de la Mothe-Guérin, commandant du fort Sainte-Marguerite. — Défaite des Savoyards à Pégomas et à Auribeau. — Sécularisation de l'abbaye de Lérins. — Les reliques de Saint-Honorat. — Mademoiselle de Sainval, de la Comédie-Française, propriétaire de l'île. — Biographie. — Prisonniers d'État. — Lagrange-Chancel. — M. Omer de Talon. — La duchesse d'Escars. — M. de Broglie, évêque de Gand. — Les prisonniers arabes.

Une ère nouvelle va bientôt luire sur les sociétés en décadence, pendant que la nation romaine agonisait sur la pente fatale qui l'entraînait vers sa chute, que la barbarie débordait de toute part, sur cette société rongée par le luxe et la mollesse. La lumière de l'Évangile commençait à poindre à l'Orient, et le christianisme, marchant à la conquête du monde, armé du glaive de la parole et de la foi, s'élançait des rivages éloignés de l'Asie vers cette partie de la Gaule qu'elle illuminait de ses enivrantes clartés.

Trophime, que quelques auteurs ont appelé le compagnon et le disciple de saint Paul, montait sur le siége d'Arles, et commençait cette chaîne de glorieux martyrs qui essuyèrent la rage des défenseurs du paganisme expirant.

Les empereurs Dèce et Gratien, effrayés des progrès rapides de la foi nouvelle, voulurent en arrêter la marche, et fulminèrent des lois de proscription et de mort contre les sectateurs du christianisme.

Les chevalets furent dressés partout, les arènes sanglantes se remplirent de chrétiens, et les lions de la Numidie furent conviés à des festins exécrables. La persécution fut si sévère, l'activité des bourreaux si grande, que la marche du culte naissant fut un moment arrêtée. Aussi les annales ecclésiastiques ne citent plus aucun évêque, aucun fait qui se rattache aux prédications de la nouvelle doctrine.

L'hérésie, de son côté, leva la tête, et vint mettre ses entraves à la sublime révélation du Christ.

Mais l'empire romain croulait toujours, et sur ses ruines le christianisme prenait de profondes racines. Alors quelques hommes pieux et dévoués, vieillis dans les déserts éloignés de la Thébaïde, sentirent que le temps était venu de se réunir, pour résister à cette décadence de l'esprit humain, et sauver ainsi d'un naufrage certain le berceau des sciences et de la foi. Les monastères surgirent dans les Gaules, et la terre vénérée de Lérins eut la gloire de recevoir la première de ces citadelles saintes, où les manuscrits de Tacite et des autres historiens de l'antiquité étaient gardés à côté des livres saints.

Jamais lieu ne fut mieux choisi pour la méditation et la prière ; aussi que de saints et savants anachorètes cette île n'a-t-elle pas produits, que de vastes intelligences n'a-t-elle pas développées ! Pour nous qui entreprenons souvent ce charmant pèlerinage, nous ne pouvons aborder cette terre chérie sans une émotion profonde, sans un sentiment de respect et d'admiration.

Par une belle matinée d'hiver, lorsque la mer est blanche et calme, si vous vous dirigez vers ces terres verdoyantes que que l'on aperçoit à l'horizon en face de Cannes, vous éprouverez un sentiment de suave rêverie en posant le pied sur ces rivages tranquilles ; là, tout est recueillement et poésie, la brise y arrive embaumée et tiède au milieu de la saison rigoureuse de l'hiver, et lorsque les montagnes qui bordent le nord du continent sont couvertes d'un manteau de neige, vous vous croirez transportés dans les latitudes où les frimas sont inconnus.

Le bras de mer qui vous sépare du continent vous offrira des teintes uniques; ce n'est point cette uniformité de tons que l'on rencontre dans presque tous les parages, et qui empruntent leurs couleurs au ciel qu'elles reflètent. Ici la mer offre des zones d'un vert d'eau magnifique, dû à la transparence des flots, qui laissent apercevoir la couleur vigoureuse de la végétation marine qui tapisse le fond de l'eau; plus loin ce sont des tons presque noir émanant des rochers sous-marins; puis des tons blancs, que les sables renvoient du fond vers la surface, et qui tranchent d'une manière heureuse avec les teintes bleues, splendides reflets de notre beau ciel de Provence.

Telle est la variété de tons que l'on observe, et qui donnent à cette mer une couleur locale, que les peintres saisissent si difficilement, et qui paraissent invraisemblables aux artistes qui n'ont pas parcouru nos contrées.

Cette mer forme un cadre ravissant à ce coin de terre privilégié, qui faisait dire à Grégoire de Modène, moine et cardinal :

« O terre qu'on ne louera jamais assez! douce consolation, repos du cœur, demeure des saints placés à l'abri des tempêtes d'un monde profane!

« Le souffle paisible du zéphyr adoucit l'été, qu'adoucissent encore de leur fraîcheur les mers ridées; de toutes parts les bois offrent de frais ombrages.

« Dirai-je encore que le seul aspect de ce climat riant calme les folles agitations de l'âme, et que ces roches nues repoussent et la colère et les chagrins?

« Aussi, loin de moi, aiguillons de l'inquiétude, vous qui tourmentez toujours de vos fouets redoutables, et qui savez par vos secrètes douleurs torturer les cœurs ambitieux! »

C'est sur cette terre paisible, l'an 410 de notre ère, que saint Honorat, fuyant le rocher solitaire de la Sainte-Baume, vint chercher un asile loin du bruit des hommes, que la réputation de ses vertus attirait autour de lui.

La chronique raconte que, lorsqu'il y aborda, l'île était infestée de reptiles vénéneux qui en défendaient l'approche. Le saint anachorète, rempli de l'esprit de Dieu, aborda cette terre, redoutée des habitants de la côte, et, montant sur un palmier, dont il existe encore un rejeton, il invoqua la toute-puissance du Dieu qui l'animait; à sa voix, la mer, sortant de ses limites, envahit l'île de ses flots tumultueux et submergea la race immonde qui la peuplait. Délivré de ses hôtes incommodes, saint Honorat se mit à l'œuvre; aidé de saint Léonce, évêque de Fréjus, il fonda, au milieu des ruines grecques et romaines qui couvraient l'île, ce premier monastère des Gaules, qui fournit si longtemps des évêques à toutes les églises du royaume. Ce fut sur ce coin de terre que les vastes intelligences d'une foule de savants docteurs de la foi se développèrent, et resplendirent dans le monde entier, comme un phare lumineux qui devait éclairer la marche du christianisme.

Les contrées les plus lointaines virent alors arriver des évêques de ce couvent célèbre. Patrice porta sa parole évangélique et entraînante vers les plages lointaines, et devint l'apôtre de l'Irlande. Hilaire illustra par ses éminentes qualités le siége de Lyon, et effraya par la grande influence qu'il prit dans les affaires ecclésiastiques le pape Léon, qui restreignit les prérogatives de son siége métropolitain. Le diocèse de Fréjus reçut l'illustre et savant Théodore.

La forte et rare intelligence de Salvien s'inspira également à cette source des sciences ecclésiastiques. Voyant cette société minée par les hérésies, qui menaçaient de conduire à la négation de Dieu lui-même, il lança son livre de *Gubernatione Dei*, qui est une peinture remarquable des mœurs de l'époque. Il composa également un essai de morale religieuse sur l'avarice, empreint de cet esprit observateur, intelligent, d'une société marchant à sa ruine prochaine.

La liste des grands apôtres qui sortirent de cette société de grands philosophes serait encore bien longue, si nous voulions tous les citer et énumérer surtout les productions de leur esprit. Tout ce que l'on peut dire, c'est que la réputation de cette communauté fut si grande qu'elle est arrivée jusqu'à nous, et que, même aujourd'hui, malgré le laps de temps immense qui nous sépare de sa fondation, on ne peut aborder ces rivages sans un sentiment de respect et d'admiration pour tant de glorieux souvenirs.

L'île de saint Honorat était appelée par les anciens Lérina, à cause du voisinage de l'île de Léro, dont elle est en effet un diminutif. Les Grecs l'appelèrent Planatia, en raison de son peu d'élévation au-dessus du niveau de la mer. Strabon place des bourgs et des villages très-importants dans les deux îles. Pline prétend qu'une ville importante existait dans l'île de Léro, il la nomme Vergoanus. On ne remarque aujourd'hui aucun vestige important qui puisse donner un certain degré de probabilité aux assertions de ces deux historiens de l'antiquité; mais il est certain au moins que les Romains l'ont habitée, si l'on en juge par les restes de certains ouvrages encore debout, qui consistent en citernes parfaitement conservées, et par les débris de ciment et de briques qui ont une origine romaine bien constatée. Les vestiges plus importants ont d'ailleurs pu disparaître lors de l'édification des travaux de défense dans l'île, et leurs débris entrer dans leurs constructions.

A l'appui de cette assertion, nous allons transcrire littéralement la description des îles Saint-Honorat et Sainte-Marguerite, par M. Prosper Mérimée; elle aura une autorité d'appréciation bien plus grande que celle que nous pourrions donner nous-même :

« Les îles de Lérins, dit-il, forment un groupe composé de deux îles, toutes deux de forme allongée, dont le plus grand diamètre s'étend de l'est à l'ouest; sur la plus grande et la plus voisine du continent est bâti le fort qui, pendant longtemps, a servi de prison d'État; l'autre, infiniment plus petite, en est séparée par un canal étroit; elle possède une source qui ne tarit jamais, tandis que la première n'a que de l'eau de citerne. Cette circonstance fit sans doute donner

ILE SAINTE-MARGUERITE.

la préférence à la petite par les Grecs, qui en furent les premiers habitants, et qui donnèrent au groupe le nom de leur chef Léro, héros ou pirate, professions assez analogues autrefois. Au commencement du cinquième siècle, saint Honorat y fonda un monastère, ou plutôt une espèce de thébaïde, qui bientôt devint un couvent nombreux; l'île changea alors de nom et prit celui du saint. Les Sarrasins la dévastèrent à plusieurs reprises, et obligèrent les religieux à chercher un asile temporaire sur le continent. »

L'assertion de M. Prosper Mérimée semble corroborée par le grand nombre de grottes que l'on trouve sur le littoral, et entre autres celle de Saint-Barthélemy, entre la baie d'Aurelle et le golfe d'Agay, qui paraît être creusée par la main des hommes, et dont on ne peut autrement concevoir la formation, dans une roche purement porphyrique que les agents naturels n'auraient pu désagréger.

« Ce n'est que dans les dernières années du dix-huitième siècle que la conduite scandaleuse des moines de Lérins amena la suppression de l'abbaye. Depuis cette époque, l'île Saint-Honorat fut à peu près abandonnée. Devenue propriété nationale, elle fut vendue à mademoiselle de Sainval, de la Comédie-Française; tout récemment, une personne de Cannes en a fait l'acquisition pour la somme de trente mille francs.

« M. Fauriel, que j'avais rencontré à Fréjus, avait bien voulu m'accompagner dans cette excursion ; nous débarquâmes d'abord à la grande île, l'ancienne Léro. Le commandant du fort, vétéran de la grande armée, nous reçut avec la plus grande politesse, et nous fit, de la meilleure grâce du monde, les honneurs de son petit gouvernement. On montre encore la chambre où le Masque de fer fut détenu pendant dix-sept ans; elle est grande, voûtée et éclairée par une seule fenêtre, c'est peut-être le seul endroit de l'île qui soit sombre et frais. A l'époque où nous le visitions, nous pouvions apprécier cet avantage; mais le contraste de cette obscurité avec l'éclatante lumière qui inonde la baie et le magnifique amphithéâtre des montagnes du Var devaient aggraver la tristesse du pauvre prisonnier. Le mur est d'une solidité extraordinaire, ayant près de douze pieds d'épaisseur ; en outre, trois fortes grilles de fer garnissent la fenêtre, et rendent impossible toute communication avec l'intérieur. Deux portes couvertes de clous et d'énormes barres de fer ne s'ouvraient que devant le gouverneur du château, et ce n'était que par les appartements de cet officier que l'on pouvait parvenir à la chambre du prisonnier. Un corridor étroit, muré à chaque extrémité, lui servait de promenade ; au fond, on avait accommodé un petit autel où quelquefois un prêtre lui disait la messe. A côté de la cellule, une autre renfermait son domestique, qui, plus heureux que lui, mourut dans l'île après quelques années de détention.

« L'imagination a peine à comprendre le bizarre mélange de cruauté et de faiblesse dans les geôliers du Masque de Fer; j'entends par geôliers, non les automates qui le gardaient, mais les hommes qui avaient ordonné sa réclusion. Comment, capables de garder pendant vingt ans un malheureux dans cette dure prison, n'avaient-ils pas le courage d'abréger ses souffrances par un coup de poignard?

« Le fort est situé à la pointe ouest de l'île ; tout le reste est couvert de myrtes, au-dessus desquels s'élèvent des pins, qui forment un assez grand bois percé de jolies allées. A la lisière de ce bois, du côté du midi, est un enclos nommé le *Grand-Jardin*. C'est la seule propriété particulière qui soit dans l'île; il passe pour le lieu le plus chaud de toute la Provence, et, en effet, on y cultive en pleine terre quelques plantes que partout ailleurs on n'élève qu'avec des soins infinis. Au milieu de cet enclos paraît un édifice assez bizarre ; sa forme est un carré orienté sur ses faces, construit de moellons grossièrement taillés ; sur chaque côté s'ouvre une porte cintrée avec un bandeau au-dessous du cintre. Les murs, dans lesquels on a pratiqué les portes, sont légèrement en retraite sur l'alignement de la façade. Deux arcades surbaissées, saillantes, séparées par une console, sont appliquées sur ce mur et forment une espèce de balcon qui vient s'aligner sur la façade, de sorte que le plan à terre formerait un carré, sur les angles duquel se trouveraient des parallélogrammes dont les faces principales seraient parallèles à celles du carré, au contraire, le plan pris immédiatement au-dessus des arcades serait un carré parfait.

« Au-dessus de ce que j'ai appelé *balcon*, faute de trouver un terme plus convenable, la disposition inférieure se reproduit, sauf que le carré du milieu est beaucoup plus en retraite sur les parallélogrammes des angles qu'au rez-de-chaussée, laissant ainsi une espèce de terrasse assez étroite au-dessus de la porte; à cet étage, on dirait un corps de bâtiment flanqué de quatre tours carrées. Une terrasse ruinée, sans balustrade, couvre le tout; la hauteur des murs, depuis le sol jusqu'à la terrasse, est d'environ trente-cinq pieds; la largeur de chaque façade, un peu moindre.

« Du côté du nord, un escalier mène aux chambres de l'attique et à la terrasse ou plate-forme supérieure. Un trou carré d'environ trois pieds de diamètre, profond de cinq pieds, s'ouvre perpendiculairement sur cette plate-forme, puis prend une direction oblique au sud. Lorsque je visitai ce bâtiment, le trou était rempli de décombres qui le rendaient inaccessible : on appelle cela des *oubliettes*. D'ailleurs, aucune tradition ne s'y rattache ; les chambres ne présentent rien de remarquable ; une porte s'ouvre sur chaque terrasse, et chaque tour est percée dans le haut d'une ouverture carrée.

« Au rez-de chaussée est une salle couverte par une coupole, dont la voûte ne s'élève qu'à la hauteur du balcon. Dans les angles, à quelques pieds de terre, on voit quatre niches cintrées; elles sont vides; au bas de chacune, on remarque un trou d'un pouce de diamètre environ qui communique à l'extérieur. La voûte et les murailles n'offrent aucune moulure, aucun ornement ; elles sont seulement grossièrement recrépies à l'intérieur. Quant à ces niches et aux trous qui y correspondent, on prétend y voir un appareil inventé par des prêtres rusés, pour faire parler des statues alors placées dans les niches. Personne d'ailleurs n'a pu me donner le moindre détail sur l'origine de ce bâtiment, ni sur son usage; le propriétaire même ignorait le nom des premiers possesseurs.

« Le peu d'épaisseur des murs et le nombre des portes ne permettent guère de supposer qu'il ait jamais été destiné à servir de défense ; d'un autre côté, rien de plus incommode, comme maison d'habitation : les chambres de l'attique sont si basses qu'on a peine à s'y tenir debout, et, pendant les chaleurs de l'été, elles doivent être aussi brûlantes que les plombs de Venise. La forme ne convient pas à un édifice religieux. Si ç'eût été un magasin, à quoi bon les niches? à quoi a pu servir cette espèce de couloir qu'on appelle des *oubliettes?*

« S'il s'agit d'assigner une date à ce bâtiment, je suis aussi embarrassé que pour lui trouver une destination probable. La forme des portes, la construction de la voûte, et jusqu'à un certain point l'appareil des murs, pourraient se rapporter au douzième siècle; mais les arcades surbaissées et la forme carrée des ouvertures séparées semblent porter plutôt le caractère de l'architecture du seizième siècle. C'est l'ornementation qui fournit les caractères les plus probables; ici elle manque absolument.

« En abordant l'île Saint-Honorat, on observe, dès qu'on a mis pied à terre, des amas de décombres et des fragments de briques et des pierres taillées épars sur le sol ; un grand nombre de ces briques sont de fabrique romaine.

« Une allée d'arbres conduit de la crique où l'on débarque à un château considérable, sur la rive opposée de l'île, dont la masse se distingue de loin. Ce n'est, à proprement parler, qu'un donjon de forme irrégulière, couronné de mâchicoulis et entouré, du côté de la terre, d'un fossé et d'une muraille crénelée, séparée du fossé par un chemin de ronde. Quelques bâtiments, entre autres une église gothique en ruines, se groupent dans cette enceinte et s'appuient au donjon. Les murs sont construits de belles pierres de taille, bien appareillées et d'une teinte jaunâtre qui se détache admirablement sur le bleu foncé de la Méditerranée et du ciel de la Provence. Il paraît que ce château a été occupé militairement à une époque récente; car on voit, dans le côté qui fait face à la mer, deux boulets encore ensabotés, incrustés dans la pierre. Probablement ils auront été lancés par quelque bâtiment anglais pendant les guerres de l'Empire.

« Après avoir passé le fossé, on entre dans un vestibule ou dans un cloître placé au centre du donjon. Quatre galeries, avec des arcades ogivales, entourent une petite cour carrée, à ciel ouvert, au milieu de laquelle est un grand puits de construction très-ancienne, dont l'eau est de bonne qualité. Les colonnes qui soutiennent les arcades sont, les unes en marbre rouge et blanc, les autres en granit, la plupart grossièrement repolies avec de la pierre; presque toutes sont antiques, du moins les fragments de marbre et de granit le sont. Sur une des colonnes, nous lûmes le commencement d'une inscription : Constantino Augusto div..... Le reste était tellement fruste, que nous ne pûmes en rien déchiffrer. D'ailleurs, en raison de la hauteur des murs du donjon, ce cloître est très-sombre, ce qui rendait notre recherche encore plus difficile. De là on passe à plusieurs salles basses, quelques-unes assez vastes, et à l'église dont j'ai parlé; sa voûte s'est écroulée en grande partie.

« L'ogive et le plein cintre se trouvent mêlés partout dans les différentes parties des constructions les plus anciennes. Dans les étages supérieurs, un grand nombre de chambres, quelques-unes ornées dans le goût de la renaissance, d'autres encore plus modernes, prouvent que les habitants de ce lieu y ont fait travailler pendant un long laps de temps. Partout une multitude d'escaliers dérobés, de corridors qui se croisent d'une manière bizarre, des souterrains, communiquant aux étages supérieurs, donnent l'idée des châteaux d'Anne Radcliffe, ou d'un édifice qu'on aurait élevé exprès pour jouer à cache-cache.

« Il est probable que ce monastère, car, malgré son apparence toute militaire, il a été bâti et habité par des religieux, ne remonte pas plus loin que la fin du treizième siècle ou le commencement du quatorzième.

« Les descentes fréquentes des pirates obligèrent les moines à se renfermer dans une espèce de forteresse. Successivement les travaux intérieurs ont dénaturé la construction primitive, du moins quant à la distribution des appartements intérieurs. Un grand nombre de murs de refend, construits de plâtras, ou de cloisons légères, quelques-unes en bois, prouvent que, peu avant la suppression du monastère, on s'est occupé d'arrangements intérieurs. Quelques chambres sont encore lambrissées dans le goût du dix-huitième siècle, et plusieurs dessus de porte peints offrent des bergers et des bergères dans le style de Vanloo, décoration qu'on ne s'attend guère à trouver chez des moines.

« Pour entrer dans le château, il faut passer devant une jolie maison moderne, celle du propriétaire actuel de l'île, et devant une église en ruines, à laquelle cette maison est adossée. Du côté de l'avenue qui mène au château, on voit un mur, réparé en partie, et une porte moderne, flanquée d'une colonne de marbre rouge, avec la base et le chapiteau en marbre blanc; en regard est une autre base de marbre blanc. Le fût de colonne est peut-être antique; quant au chapiteau, je le crois romain, mais de la première époque. Au fronton du mur paraît un œil-de-bœuf. En examinant avec attention cette partie de l'église, on reconnaît bientôt que ce n'est pas la façade, mais bien le mur oriental de la nef, et que l'apside a été détruite, vraisemblablement lorsqu'on a pratiqué l'avenue, cette apside était régulièrement orientée. A l'intérieur, des colonnes semblables à celle qui existe encore garnissaient son hémicycle. Le long de l'avenue, d'autres fragments de colonnes, à demi enterrés, servent de bornes.

« On voit à l'opposite la véritable façade, du moins en partie, car un énorme lierre en couvre un côté, et, vers le nord, le mur de la nef se confond avec la maison du propriétaire de l'île.

« L'appareil semble une imitation de l'appareil romain; mais les assises, quoique bien parallèles, sont d'inégale épaisseur, et les pierres, quoique taillées carrément avec soin, ne sont pas unies avec cette perfection qui se conserva jusque dans les constructions du quatrième siècle.

« Le même appareil se remarque dans le haut du mur qui fait face à l'avenue. On en peut conclure que la nef se terminait carrément et que l'apside était beaucoup plus basse qu'elle. — Suivant toute apparence, il n'existait pas de clocher sur ce point, et cette conjecture est justifiée par l'aspect des décombres qui couvrent l'intérieur.

« Revenons à la façade. Au-dessus de la porte principale, qui a été bouchée, est un bas-relief en marbre blanc, dont le travail et la composition dénotent un ouvrage contemporain des premiers siècles du christianisme ; probablement c'était le devant d'un tombeau. Il est divisé, suivant un usage très-général, en sept compartiments, par autant d'arcades ; celle du milieu contient un personnage vêtu d'une longue robe, la tête tournée à droite et tenant à la main quelque chose que je suis tenté de prendre pour une couronne ; sa main droite est élevée pour bénir. Dans chaque arcade sont deux hommes habillés de même, tenant aussi des couronnes et se dirigeant vers la figure principale. Je ne doute pas qu'on n'ait voulu représenter Jésus-Christ et ses disciples ; au-dessus on observe encore deux autres fragments de sculpture, mais d'un style bien différent. Le premier représente un petit génie nu, avec une portion de rinceau ; l'autre est tout à fait méconnaissable. Il me paraît évident que le génie n'appartient pas à un tombeau, ni à aucun monument chrétien. C'est quelque débris antique qu'on a scellé dans la muraille, en considération du marbre et des restes de sculpture dont il est couvert ; dans les temps de barbarie, rien de plus commun que cet emploi de fragments antiques.

« Sur le côté droit de la façade, on distingue une croix en creux assez grande ; sans doute, le creux avait été rempli autrefois par des incrustations, mais aujourd'hui il n'en reste aucune trace. Je ne doute pas qu'une croix correspondante ne soit cachée par le grand lierre dont j'ai parlé ; au-dessus du bas-relief est un losange formé de pierres rouges, blanches et noires, enchâssées dans la muraille ; quelques autres creux, qu'on aperçoit encore, peuvent avoir servi à une ornementation du même genre.

« Un galbe triangulaire termine la façade. Le haut présente une fenêtre cintrée ou plutôt trilobée, car deux autres ouvertures, décrites par un quart de cercle, se réunissent à une principale. Au-dessous, une moulure de palmettes, délicatement travaillées, se prolonge obliquement, suivant la crête de la partie des murs de la façade qui répond aux collatéraux. — L'intérieur de l'église est partagé en trois nefs, par deux rangées de six piliers chacune, qui soutiennent une voûte ogivale en arc de cloître et des collatéraux en plein-cintre. Cette voûte, dont la plus grande partie s'est écroulée, paraît postérieure au reste de l'édifice, et l'exhaussement évident des gros murs n'a pu avoir lieu que pour la construction de cette voûte. Les piliers, qui n'ont pas de chapiteaux, et des impostes, à peine indiqués, soutiennent les retombées des arcs.

« Je présume que, dans la construction primitive, le plan de l'église représentait une croix latine. Du moins, je vois un bras des transsepts dans un renfoncement assez considérable, à l'extrémité du collatéral droit, qui communique avec un cloître voisin. Dans le collatéral de gauche, des chambres, je n'ose les appeler chapelles, sont séparées de l'église par un mur et communiquent immédiatement ou indirectement avec elle. Le seuil de l'une des portes est formé d'une grosse pierre sur laquelle est gravé un reste d'inscription antique, en très-belles lettres, profondément entaillées et certainement du haut empire : . . . Erivs. Ferox. Sibi. Et svis. V. F.

« . . . D'autres fragments antiques, reconnaissables par des moulures, quelques-uns par des mots à demi effacés, ont été employés dans les constructions de diverses parties de l'église et surtout des chambres latérales. Quelle était la destination de ces chambres ? Aucune ne contient d'autel. Peut-être servaient-elles de sacristie, de bibliothèque ou de dépôt pour les vases sacrés. Je les crois très-anciennes, et, sous ce rapport, le plan général de l'église mérite d'être étudié. Toute la nef principale est jonchée des débris de la voûte, et ce qui en reste menace ruine. — Nulle part je n'ai vu de vestiges de peinture, sinon de l'ignoble badigeon blanc qu'on retrouve partout. »

M. Mérimée n'a pas remarqué au fond du transsept droit une grande pierre qui a dû servir d'autel, et au-dessous de laquelle on lit cette inscription en assez belles lettres romaines :

COLLEGIO
VTRICLAR
IVLIVS
CATVLINVS
D. P.

C'est-à-dire : « Julius Catulinus au corps des utriculaires. »

Les utriculaires étaient un corps de bateliers, que les Romains avaient institué pour transporter certaines marchandises sur des outres enflées; il existait dans certaines villes des écoles où l'on enseignait ce genre de navigation; des inscriptions, trouvées à Cavaillon et à Antibes, et tout à fait semblables à celle dont nous venons de parler, moins les noms propres, prouvent que ces deux villes possédaient des écoles semblables. Les Romains auraient-ils établi à Saint-Honorat une école d'utriculaires, ou bien cette pierre a-t-elle été apportée d'Antibes pour être employée à la construction d'un autel?

« J'ai dit que le cloître, continue M. Mérimée, communiquait à l'église par le transsept droit. Il est bas, très-sombre; voûte de cave cintrée, sans nervures ni arêtes, grossièrement crépie. Lorsque je le visitai, il était encombré de fumier et de quelques fûts de colonnes antiques gisant au milieu de l'ordure. Il n'a pas de colonnes, mais de lourds piliers très-bas, ou pour mieux dire, ces piliers étant très-larges, on peut les prendre pour des murs dans lesquels on a pratiqué des fenêtres étroites, mais à des intervalles assez rapprochés. Rien de plus grossier que la construction de ce cloître; les impostes ne sont jamais à la même hauteur; la largeur des fenêtres varie continuellement. Enfin, pour comble de barbarie, une imposte de l'une des arcades était fournie par une pierre couverte de lettres et renversée : l'obscurité du lieu ne m'a pas permis de copier l'inscription, que j'ai tout lieu de croire antique. »

M. Mérimée ne donne pas certaines inscriptions que l'on rencontre dans les galeries du cloître ; nous allons tâcher d'y suppléer : l'une de ces inscriptions se trouve à l'extrémité de la galerie qui, d'après Barralis, père de Lérins, qui écrivait à la fin du quinzième siècle, était l'ancien réfectoire ; elle est ainsi conçue :

† S. DNI. TARIONETI.
MILITIS DE CORNETO. 7 FRIS
TARIONI. MVNCHI, 7 QVI
FRAT. FVIT. POR. IANVAE.
OBIIT. ANNO. DNI. M°. CCC°.
XIII°. DIE. X. FEBRVARII.

Cette inscription surmonte un tombeau ; en voici la traduction : « Tombeau du seigneur Tarionet, chevalier de Cornette, frère du moine Tarion, qui fut frère prieur de Gênes. Il est mort l'an du Seigneur 1313, le 10 février. » Au coin de la pierre en marbre qui porte cette inscription, on remarque deux cornets, ce sont probablement les armes du défunt.

Vers le milieu de la même galerie, du côté opposé à l'inscription que nous venons de transcrire, on trouve les restes du lavabo, qui prouvent la destination du lieu ; il est surmonté d'une pierre en marbre sur laquelle on lit avec peine l'inscription suivante :

CHRISTE TUA DEXTRA QVÆ MVNDAT
INTVR ET EXTRA INTERIOR MVNDA
MVNDARE QVOD HÆC NEQVIT VNDA.

D'après la tradition, la cour que l'on trouve au milieu du cloître, et qui est aujourd'hui remplie de décombres et de ronces, vit le martyre de cinq cents religieux. Cette terre, naguère remuée, a laissé à découvert un grand nombre d'ossements humains qui feraient croire à cette version.

LA PORTE DES PENDUS.

Autour de la maison moderne du propriétaire, on rencontre également un grand nombre d'ossements, qui prouvent que ce terrain a servi pendant longtemps de lieu de sépulture aux moines de l'île; indépendamment des ossements dont le sol est parsemé, on a trouvé des tombeaux qui remontent à une plus haute antiquité, et qui font penser que ce lieu n'a pas seulement servi de sépulture aux chrétiens. Ce sont de longues pierres de grès creusées en forme de cercueil, telles que celles employées par les Romains en pareille circonstance, et que l'ancien propriétaire de l'île a transformées en auge pour y abreuver les bestiaux.

Sur le mur de la maison moderne qui fait face au midi, on remarque une pierre en marbre blanc sur laquelle on lit l'inscription suivante, et qui a dû surmonter un tombeau de famille :

> GVILLEMVS : BERNARDVS :
> FECIT : FIERI : PRO : SE :
> SVIS : HEREDIBVS : HOC :
> SEPVLCRVM : NOLENS :
> QVOD : IN : EO : ALIENA :
> PRETER : SVORVM : COR
> PORA : REPONAT :

dont voici la traduction : « Guillaume Bernard a fait construire ce sépulcre pour lui et pour ses héritiers, ne voulant pas qu'on y ensevelisse d'autres corps que ceux des siens. »

En face de cette pierre tumulaire sont entassés une assez grande quantité de marbres qui ont dû faire partie de l'ornementation du cloître ou du château.

En sortant de l'enclos qui renferme les ornements dont nous venons de parler, si l'on se dirige par la grande avenue vers le bras de mer qui sépare les deux îles, on aperçoit à peu près à mi-chemin, en tournant à gauche, une espèce de bâtiment en forme de tour; c'est dans l'intérieur de cet édifice que se trouve l'ancien puits miraculeux d'où saint Honorat, d'après la tradition, fit jaillir cette source précieuse, et que Vincent Barralis, l'an 1600, a célébrée par des vers latins, gravés sur une pierre en marbre blanc, qui surmonte la porte d'entrée de ce monument :

ISACIDVM DVCTOR LYMPHAS MEDICAVIT AMARAS,
ET VIRGA FONTES EXTVDIT E SILICE.
ASPICE VT HIC RIGIDO SVRGANT MARMORE RIVI
ET SALSO DVLCIS GVRGITE VENA FLVAT.
PVLSAT HONORATVS RVPEM, LATICESQVE REDVNDANT
ET SVDIS ET VIRGA : MOSIS ADÆQVAT OPVS.

Voici la traduction de ces vers : « Le guide des enfants d'Isaac adoucit les eaux amères ; de la verge il fait surgir les fontaines du rocher. Regarde comme ici les ruisseaux jaillissent de la pierre dure, et comment une onde douce sort du milieu des flots amers. Honorat frappe le roc, les eaux s'en échappent ; il égale l'ouvrage du bois et de la verge de Moïse. »

Si de la tour on se dirige du côté de l'ouest, en suivant le rivage méridional de l'île, on rencontre au bord du chemin, à droite, un autel votif dédié à Neptune, et que l'on a découvert depuis peu ; il porte l'inscription suivante sur l'une de ses faces :

NEPTVNO VERATIA
MONTANA.

Cette inscription remonte à l'occupation romaine ; elle aurait sans doute disparu comme bien d'autres, si elle n'avait été recouverte par un amas de décombres qui l'ont préservée jusqu'à ce jour du vandalisme. Une fort belle inscription, en lettres gothiques, n'a pas eu le même bonheur ;

elle a disparu il y a quelques années, sous le marteau de quelque antiquaire peu délicat; elle se trouvait à gauche de la porte de la sainte chapelle, située au second étage, et dont la dédicace eut lieu en 1088. C'est dans cette chapelle que furent placées les reliques de saint Honorat lors de leur translation à Lérins, en 1391, et de plusieurs autres saints, ainsi que nous le voyons par la teneur de l'inscription dont nous voulons parler, et dont voici le texte :

> Hæc est capella sancta † quæ appellatur
> Sancta sanctorum, propter reconditas inibi
> Reliquias sanctorum, videlicet Honorati,
> Caprarii, Venantii, Antonii, Aygulphi
> Martyris, et plurimorum aliorum
> Sanctorum.

« C'est ici la chapelle sainte, qu'on appelle la *Sainte des Saints*, à cause des restes sacrés de saint Honorat, de saint Capraire, de saint Venance, de saint Antoine, de saint Aygulphe, martyr, et de plusieurs autres saints qui y ont été déposés. »

Une foule d'autres inscriptions ont disparu, et on en reconnaît facilement la trace dans les murs où elles existaient par les trous qu'elles y ont laissés vides.

M. Mérimée ajoute : « De ce qui précède, on est fondé, ce me semble, à penser : 1° que l'enceinte de l'église, c'est-à-dire les gros murs et le cloître, remontent à une époque très-reculée ; 2° que l'emploi de matériaux antiques, et particulièrement de pierres tumulaires, annonce à la fois un temps de barbarie et une époque où les souvenirs religieux et le respect qui s'attachait aux sépultures antiques avaient entièrement disparu ; 5° que cette église a été ruinée et probablement incendiée, d'où est résultée la destruction de la nef principale et sa reconstruction ogivale. Je serais tenté de placer cette reconstruction vers le milieu du quatorzième siècle.

« Quant à l'époque de la construction primitive, la forme de l'église, les incrustations de pierres coloriées, les moulures de style antique, l'absence de cloches et les piliers barbares du cloître me font présumer qu'elle est fort ancienne. Je ne crois pas, cependant, qu'il faille l'attribuer à saint Honorat, c'est-à-dire au commencement du cinquième siècle ; la reporter au huitième ou au septième serait, je crois, rester plutôt en deçà qu'au delà des limites probables. Le manque de monuments qui puissent servir de terme de comparaison rend toutes les conjectures qu'on peut former à cet égard extrêmement incertaines. Il serait à désirer que quelques fouilles fussent faites aux environs. Les colonnes antiques du château, celles du cloître et de l'église, la grande quantité de tuiles romaines et les inscriptions prouvent que l'île de Lérins a possédé autrefois un établissement romain assez considérable. Quant à la légende qui porte que saint Honorat trouva cette île déserte, on peut supposer qu'elle avait été abandonnée par ses habitants à l'époque où il s'y établit. Exposés aux débarquements des pirates qui devaient s'y rendre pour y faire de l'eau à la source, il est probable que, dès les premières invasions des barbares, ils durent chercher un asile sur le continent. Ce qu'on dit des serpents qui infestaient l'île à l'arrivée de saint Honorat paraît encore vérifié par les témoignages des habitants. Un d'eux nous dit qu'il avait vainement essayé de former une garenne, et que les lapins qu'il avait lâchés avaient été promptement détruits par les reptiles.

« Pour en finir avec l'île Saint-Honorat, il ne me reste plus qu'à parler d'un petit bâtiment situé à une portée de fusil de l'église que je viens de décrire, vers la partie occidentale de l'île et non loin du rivage opposé au continent. Je pense qu'il a servi, dans le principe, de baptistère ; car, dans les églises primitives, les baptistères formaient ordinairement un édifice à part ; celui-ci pourtant est bien éloigné de l'église ; mais une grande quantité de décombres, amoncelés dans le voisinage, peuvent faire supposer que quelques bâtiments ont existé qui occupaient cet intervalle.

« Sa forme est octogone, avec une apside très-basse et semi-circulaire à l'orient. La porte est en face ; les six autres côtés présentent à l'intérieur chacune une espèce de niche cintrée. La voûte est un dôme peu élevé, construit en blocage, avec des arêtes correspondant et s'appuyant à chaque angle de l'octogone. Il en résulte une espèce d'étoile dont l'effet est assez agréable ; le diamètre du bâtiment est d'environ une vingtaine de pieds ; sa hauteur, de douze. L'appareil est de moellons à peine taillés, noyés dans une épaisse couche de ciment ; d'ailleurs, pas une moulure, pas un seul ornement. La porte d'entrée est basse et cintrée ; les claveaux inégaux et assez mal joints sont en nombre pair, en sorte qu'il y a un joint au sommet de l'archivolte. De cette disposition résulte une forme indécise qui tient un peu de l'ogive; on peut penser, avec quelque probabilité, que des claveaux en nombre pair entraînent une pointe au sommet de l'arc, et par conséquent lui donnent la forme qu'on observe dans toutes les ogives primitives. Ici il paraît évident que la forme mixte de l'arc ne peut être attribuée qu'à la maladresse de l'ouvrier ; mais il n'est pas invraisemblable que ce que le hasard a produit d'abord aura été répété lorsque la solidité de cette disposition aura été constatée.

« Un autel de pierre, en forme de table, percé de deux trous, avec un rebord, et porté sur un seul pied en balustre, occupe le fond de l'apside ; les trous sembleraient avoir été destinés à l'écoulement des liquides, sans doute pour rendre la table plus facile à nettoyer. Je n'en ai remarqué nulle part de semblables.

« L'absence de tous ornements caractéristiques rend très-problématique la date de ce bâtiment ; pourtant la simplicité, la rudesse de la construction, et le rapport qu'elle présente avec celle des bâtiments de l'ancienne abbaye, donnent lieu de croire qu'il a été élevé à la même époque; peut-être même est-il plus ancien. A la rigueur, on peut supposer que c'est la première chapelle bâtie dans l'île, et ses dimensions très-mesquines seraient en rapport avec le petit nombre des habitants de Saint-Honorat avant l'accroissement de la communauté qui s'y établit. »

Les appréciations du savant archéologue se trouvent en parfait accord avec les renseignements que nous avons puisés dans les auteurs anciens. Les fondations de la tour, d'après les chroniques de Lérins, furent jetées en 1035 par l'abbé Aldebert XV ; il paraît même qu'elles furent établies sur des ruines romaines ; mais elles ne furent achevées que l'an 1551, après avoir donné beaucoup de sollicitude à différents papes, qui furent obligés d'exhorter la chrétienté, à diverses époques, à venir en aide aux moines qui ne pouvaient parvenir, avec leurs seules ressources, à achever ce monument.

Nous trouvons dans V. Barralis une description du monastère, qui donne une idée de son importance. Cet auteur prétend qu'on y comptait quatre-vingt-quatre appartements.

L'île devait être parsemée d'autres constructions habitables, puisqu'un chroniqueur de Lérins rapporte que, vers 690, trois mille religieux, qui étaient venus de tous les coins du monde, vivaient sous la règle du bienheureux Amand, abbé de Lérins. Il est même probable que l'île de Sainte-Marguerite donna asile à une partie de cette population religieuse, et que même les grottes du cap Roux, première demeure de saint Honorat, abritèrent une grande partie de ces vertueux cénobites.

D'après la chronique de Lérins, ce fut dans le huitième siècle que les cinq cents martyrs arrosèrent de leur sang la terre des saints. A cette époque, la population religieuse s'élevait encore au nombre de cinq cent cinquante moines. Renfermée dans son île, la pieuse famille avait échappé aux invasions des barbares, venus des contrées septentrionales de l'Europe; les cris de guerre des Germains, qui bouleversaient la Gaule, n'étaient pas arrivés jusqu'à eux; ils vivaient paisibles au milieu de leurs manuscrits, fruit de leurs longues veilles et de leurs méditations.

L'anarchie était à son comble dans notre province, les comtes menaçaient d'usurper l'autorité absolue, sous des rois affaiblis par la mollesse, gouvernés par les maires du palais, qui n'essayaient rien pour s'opposer à la révolte imminente de leurs vassaux; Mauronte, gouverneur de la province, rêvait une indépendance absolue et conspirait avec la noblesse provençale pour un affranchissement à son profit, lorsque tout à coup du sein de cette société barbare surgit un homme, un guerrier, plein de cette bouillante audace qui lui fit donner le nom de Martel, tant il brisait facilement tout ce qui menaçait de lui résister.

L'apparition de Charles-Martel dans la province déconcerta les projets ambitieux de Mauronte, qui se vit dépouillé de son autorité et traité comme un vil rebelle. Son ressentiment couva de terribles vengeances. Des hordes musulmanes couvraient à cette époque d'une mer de sang et de feu les bords du Rhône. Leurs longs cimeterres menaçaient Arles, et les Provençaux consternés se levaient en masse pour résister à cette avalanche sanglante qui menaçait de tout ensevelir.

Mauronte jugea le moment favorable pour venger son affront et assouvir sa haine; il pactisa avec les infidèles, et dès ce moment il fut comme le mauvais génie de notre malheureuse Provence, debout au milieu de ces armées barbares, il désignait de son geste infernal les villes à incendier, les monastères à piller. L'abbaye de Lérins vit tout à coup cette mer tranquille qui l'entourait se couvrir de galères portant des hordes menaçantes, qui firent irruption sur cette terre, où la prière seule avait jusqu'alors retenti, et qui jetèrent l'épouvante et la mort au milieu de cette population de saints.

C'était en 732, saint Porcaire gouvernait de sa parole angélique ce troupeau sacré, les Sarrasins abattirent les églises, rasèrent tous les bâtiments et inondèrent les longs corridors du cloître du sang de plus de cinq cents martyrs. Deux d'entre eux avaient trouvé un refuge dans une grotte, située au niveau de la mer, en face du grand jardin, et qui existe encore aujourd'hui sous le nom provençal de Baumo de San Souvadou : c'étaient Colomb et Éleuthère. Le premier, exalté par la foi qui l'animait, quitta sa retraite et alla rejoindre ses frères, pour partager avec eux la palme du martyre. Éleuthère resta seul et gagna les côtes d'Italie, d'où il revint plus tard avec quelques moines, pour réédifier le saint monastère dont il fut nommé abbé.

De ce jour, la mort plana sur les saints cénobites; l'année 739 vit une nouvelle incursion de barbares qui fondirent sur l'île et dévastèrent de nouveau tout ce que la courageuse patience des moines avait pu réédifier.

Au fond du golfe de Grimaud, sur un rocher escarpé, dont les flots de la Méditerranée viennent baigner la sombre base, et que l'on appelle le Fraxinet, une garnison de ces hardis brigands avaient établi, en 890, leur infernal repaire. Du haut de cette aire sanglante, ils s'élançaient sur les malheureuses populations provençales au moindre geste de leur chef, et, passant comme une flamme dévorante, ils tuaient, ils saccageaient tout. Les villes, les monuments, tout disparaissait devant ces infernaux génies de la destruction. Les populations étaient décimées, traînées en esclavage, et les travaux agricoles entièrement abandonnés. Nos villages virent à cette époque des scènes de désolation et de mort se renouveler bien souvent.

En 1107, le jour de la Pentecôte, les musulmans abordèrent encore sur ces rivages ; c'était l'heure des saints offices ; pendant que les moines chantaient les psaumes sacrés, de sinistres cris retentirent aux portes du sanctuaire ; la flamme rougeâtre de l'incendie colora soudain les colonnes du temple, et les moines, terrifiés, embrassant l'autel comme pour le préserver des profanations impies des barbares, mouraient sur les dalles de leur basilique. Ce fut à cette époque que plusieurs moines, amenés en captivité par les enfants d'Ismaël dans leur sombre repaire du Fraxinet, trouvèrent moyen de fuir à travers les marais de la plage d'Agay, et échappèrent ainsi à leurs bourreaux ; ils gagnèrent de là les rochers de la Sainte-Baume, habités d'abord par saint Honorat. Plus tard, ils regagnèrent l'île et vinrent réparer les ravages de leurs implacables ennemis.

Le pape Innocent II, voyant que par sa position l'île de Lérins était incessamment en proie aux courses des barbares, accorda à ceux qui viendraient habiter trois mois dans l'île, pour la défendre en cas d'attaque, les mêmes indulgences que ses prédécesseurs avaient accordées aux croisés. Il enjoignait en même temps aux évêques qui s'étaient emparés de quelques églises dépendantes de ces religieux, et aux laïques qui s'étaient saisis de leurs biens, de les restituer immédiatement. Les seigneurs se soumirent à la décision du saint-père. L'église d'Antibes restitua au monastère de Lérins quelques biens dont elle s'était indûment emparée. Bertrand de Grasse fit aussi restitution, l'an 1147, des biens qu'il avait usurpés aux religieux dans la commune de Mougins. Le pape, dans sa sollicitude pour cette communauté, qui avait rendu tant de services à la religion, par les nombreux et savants apôtres qu'elle avait élevés dans son sein, recommanda aux nobles de Grasse, à Bertrand, à Raymond, son frère, à Guillaume de Grasse et à ses neveux d'aider de tous leurs pouvoirs, et, au besoin, du secours de leurs armes, les religieux du saint monastère. Ces puissantes familles de nos contrées mirent en effet leurs trésors et leurs bras au service de la communauté. L'un des fils de Guillaume devint abbé de Lérins. Ce fut à cette époque (1148) que les religieux jetèrent les fondations du château fort qui subsiste encore aujourd'hui, et qui devait leur servir à la fois de logement et de rempart contre les incursions inattendues des barbares.

Plusieurs siècles s'écoulèrent ensuite, au milieu desquels bien des combats durent être livrés par les malheureux moines de Lérins, et dont l'histoire ne parle pas. Seuls dans leurs îles, n'ayant d'autres garants de leurs libertés que le droit des gens, lorsque le monarque sous lequel ils vivent est assez fort pour le faire respecter, ils se voyaient continuellement attaqués, soit par les barbares africains, soit par les corsaires d'Italie.

Le 10 mai 1400, les Génois s'emparèrent de nuit et par escalade de la tour fortifiée, qu'ils saccagèrent complétement, et dont ils restèrent maîtres pendant une année. Les malheureux moines, échappés à la fureur des brigands, s'adressèrent alors aux populations voisines, et rappelèrent à la noblesse de Grasse la promesse que leurs aïeux avaient faite au pape Innocent II en 1148. Leur voix trouva de l'écho parmi cette noblesse, qui n'avait point renié les engagements sacrés de leurs prédécesseurs. Antoine de Villeneuve, descendant de cette illustre famille, où toutes les grandes vertus sont héréditaires, fut des premiers à descendre dans la lice; Luc de Grimaldi, seigneur de Cagnes, descendant du noble sang royal de Grimoald, maire du palais de France, frère puîné de Charles-Martel, qui portait fuselé d'argent et de gueules, vint, comme ses illustres aïeux, mettre sa vaillante épée au service de la religion profanée.

Bertrand de Grasse, seigneur de Bar, dont les aïeux avaient promis aide et protection à la sainte communauté, descendit aussi dans la lice avec une foule de seigneurs de la contrée : la maison de Grasse-Bar portait d'or, à un lion de sable, couronné, lampassé et armé de gueules. Elle était alliée aux maisons les plus puissantes de la Provence et du royaume : tels que les comtes de Foix, de Grimaldi, de Brancas, de Villeneuve et d'Oraison. Elle était aussi la branche des comtes de Mouans et de Sartoux, dont le château existait encore avant la Révolution de 1789. Cette seigneurie passa dans les mains de la famille de Durand-Sartoux, qui en fit hommage au roi René de Sicile, comte de Provence, l'an 1473. Les descendants de cette noble famille existent encore aujourd'hui, et habitent le château restauré de leurs aïeux, entre Cannes et Grasse ; ils portaient les mêmes armes que les seigneurs de Peinier et de Fuveau ; elle était alliée aux principales maisons nobiliaires de la Provence, et comptait dans son sein six chevaliers de Malte, dont plusieurs furent grands commandeurs de cet ordre ; deux d'entre eux, Pierre de Durand et Jean-Baptiste, s'illustrèrent par leur bravoure au siége de l'île Sainte-Marguerite, contre les Espagnols. M. Jacques-Joseph-Emmanuel de Durand-Sartoux, encore vivant, appartenait à cet ordre illustre. Cette maison portait parti d'or et de gueules, au lion couronné de sable, brochant sur le tout. Les populations de Grasse, de Cannes et autres lieux marchèrent à la suite de Bertrand, et, après un siége des plus opiniâtres, où l'on fit des prodiges de valeur de part et d'autre, les pirates, forcés dans leurs retraites, furent faits prisonniers et exécutés, les uns au pied de la tour même, les autres à Grasse et à Cannes.

A un siècle de là (1516), l'île de Lérins reçut d'augustes visiteurs : le pape Adrien VI, venant d'Espagne et se rendant à Rome, voulut visiter cette terre, berceau de la prédication évangélique dans les Gaules ; il admit, dans cette circonstance, au baisement des pieds, Augustin de Grimaldi, vingt-sixième évêque de Grasse.

En 1524, l'île de Saint-Honorat fut envahie par une flotte espagnole, destinée à protéger l'incursion du connétable de Bourbon en Provence ; la discorde venait d'éclater plus violente que jamais entre Charles-Quint et François Ier, ce dernier avait été obligé, à la suite de plusieurs échecs, d'abandonner Gênes et tout ce qui lui restait dans la Lombardie aux troupes impériales. Le conétable de Bourbon, devenu l'ennemi de la France, sa patrie, dont il aurait dû être le défenseur, vint, à la tête des troupes étrangères, porter la désolation et la mort dans nos campagnes. Les habitants de Cannes, voulant mettre à l'abri de l'invasion ennemie leurs femmes, leurs enfants et les objets les plus précieux, se réfugièrent dans l'île de Lérins ; mais la flotte espagnole que Charles-Quint avait envoyé pour ravitailler l'armée du connétable fit une descente sur l'île, et, après y avoir commis tous les excès possibles, elle emporta le riche butin qu'on y avait apporté du continent. Non loin de là, à la hauteur d'Antibes, les Espagnols furent rencontrés par la flotte française que François Ier avait envoyée à sa rencontre, sous les ordres de l'amiral de Lafayette. Un combat naval eut lieu, dans lequel les ennemis perdirent trois galères, ce qui n'empêcha pas l'armée impériale de passer le Var au commencement de juillet, et de porter le fléau de la guerre, avec toutes ses horreurs, au milieu des populations paisibles de la basse Provence.

François Ier, un an après la malheureuse bataille de Pavie, en revenant d'Espagne, où il avait été retenu prisonnier, vint demander un asile à cette demeure sainte, et y passa la nuit du 21 au 22 juin 1526. Il voulut laisser, dit-on, une trace de son auguste passage, et donna à la communauté une magnifique châsse, argent et vermeil, d'un très-beau travail, où furent renfermées les reliques de saint Honorat.

La trêve de Nice [1], entre Charles-Quint et François Ier, ne fut pas de longue durée. La guerre éclata de nouveau entre les deux puissants monarques, et, en 1539, une escadre espagnole débarqua de nouveau dans l'île et la saccagea. Cette flotte était conduite par André Doria, l'un des plus célèbres marins de son siècle, qui, après avoir servi bravement la France, prêta son bras à Charles-Quint pour l'abaisser.

Les guerres de religion qui déchirèrent si malheureusement la haute et la basse Provence, sous le règne de François Ier et de ses successeurs, Henri II et Henri III, n'eurent aucun retentissement parmi les populations de nos contrées. Elles restèrent étrangères aux horreurs de la Ligue et de la

---

[1] Ce fut à l'occasion de cette trêve que François Ier vint habiter le château de Villeneuve-Loubet, où il eut une entrevue avec le pape Paul III, qui servait de médiateur entre les deux monarques.

guerre civile qui ensanglantèrent tant de cités. Leur sol, bouleversé par les invasions étrangères, ne fut jamais arrosé, à aucune époque, d'un sang fratricide. Cannes surtout, nous pouvons le dire avec orgueil, est toujours restée vierge d'excès, même aux plus mauvais jours de la Révolution de 93.

Mais des bruits guerriers vont bientôt retentir de nouveau sur nos côtes; les Espagnols, en 1635, s'emparèrent de Trèves et arrêtèrent l'électeur qui s'était mis sous la protection de la France. Louis XIII, successeur de Henri IV, irrité de ces violences, déclara la guerre à l'Espagne, qui envoya aussitôt dans la Méditerranée une armée navale, composée de vingt-deux galères, de cinq vaisseaux et de quelques chaloupes, sous les ordres du duc de Ferrandines et du marquis de Sainte-Croix. Lorsque la flotte espagnole arriva dans nos parages, elle ne trouva aucune résistance, la France n'ayant encore organisé aucun moyen de défense; aussi les îles de Sainte-Marguerite et de Saint-Honorat furent occupées par les Espagnols, sans coup férir, l'année 1636. Le duc de Ferrandines tourna ensuite ses forces vers la ville de Cannes et le fort de la Croisette; mais il rencontra une résistance héroïque, que Saint-Marc-Chasteuil avait improvisée, puissamment secondé par le courage de Château-Neuf, son fils, Villeneuve-Mons et Grasse-Roquebrune, gentilshommes provençaux, qui parvinrent à repousser les attaques ennemies et sauver notre pays d'une nouvelle invasion.

Les Espagnols se contentèrent alors de fortifier les deux îles, afin de s'y maintenir, et ils surent tirer un très-grand parti de la position des lieux; ils creusèrent des fossés, firent des retranchements, élevèrent des forts dans l'île de Sainte-Marguerite. Dans celle de Saint-Honorat, ils transformèrent les monuments religieux en fortifications. Ce fut ainsi que toutes les chapelles qui couvraient à cette époque le sol de l'île furent crénelées et reçurent de l'artillerie. Le château fut mis également dans un état complet de défense, et reçut une garnison assez considérable pour résister aux attaques imminentes des Français.

Pendant que les Espagnols faisaient tous ces préparatifs de défense, Saint-Marc-Chasteuil et les gentilshommes provençaux avaient reçu des renforts à Cannes. Le maréchal de Vitry vint prendre le commandement des troupes de terre, et François de Vignerond, marquis de Pont-Courlay, vint occuper la charge de général des galères.

Louis XIII fit rassembler dans les ports de l'Océan une escadre composée de quarante vaisseaux, commandée par Henri de Lorraine, comte d'Arcourt; elle mit à la voile, et fut rejointe, vers le mois d'août 1636, par douze galères, commandées par le marquis de Pont-Courlay, et par quatorze vaisseaux, sortis des différents ports de la Provence, avec un grand nombre de barques, de tartanes, de brigantins et de brûlots.

L'abbé de Beauveau et Henri de Sourdis, archevêque de Bordeaux, prirent place sur la flotte avec la qualité d'intendants du roi et chefs du conseil.

L'armée navale d'Espagne avait été renforcée des galères

de Gênes et de Florence; mais elle ne put tenir devant des forces aussi considérables et se retira sans combat. L'armée française ne sut pas profiter de cet avantage pour reprendre les deux îles sur les Espagnols, d'autant mieux que l'armée de terre, rassemblée à Cannes, ne demandait qu'à en venir aux mains pour signaler sa valeur, conduite qu'elle était par d'excellents chefs, pris dans les rangs de la noblesse du pays.

Un malentendu, survenu entre les divers chefs de l'armée et du conseil, rendit tous ces préparatifs inutiles pour quelque temps. Le comte d'Arcourt, commandant les forces navales, revendiquait le commandement en chef de l'armée d'attaque, à l'exclusion du maréchal de Vitry, commandant les forces de terre. Le 8 du mois de décembre, dans un conseil de guerre, tenu par les chefs de l'armée à Cannes, l'archevêque de Bordeaux, en qualité de chef du conseil de la marine, crut pouvoir prendre part à la discussion et parler en faveur du comte d'Arcourt. Le maréchal de Vitry, d'un caractère violent et emporté, choqué de quelques mots inconsidérés échappés au prélat, ne put modérer sa colère et lui donna un coup de canne.

La division se mit au camp à la suite de ce scandale, l'obéissance s'altéra parmi les troupes, fatiguées d'attendre le moment de l'attaque. Les milices se débandèrent, presque tous les gentilshommes de la contrée, que l'amour de la patrie avait attirés au camp, regagnèrent leurs terres, et l'expédition fut renvoyée à un temps plus favorable.

Au printemps suivant, on fit de nouveaux préparatifs pour

arriver à l'expulsion des Espagnols des îles de Lérins ; toutes les populations de la Provence voulurent concourir à ce grand acte d'intérêt national ; le parlement de Provence versa vingt-quatre mille livres, la cour des comptes quinze mille; les corps donnèrent en proportion de leur richesse et de leur nombre ; les Marseillais envoyèrent au comte d'Arcourt dix mille écus, et pour six mille francs de poudres, de mèches et d'autres munitions. La ville d'Aix donna six mille livres, avec tout ce qu'il y avait de poudre et de munitions dans ses magasins, cent cinquante charges de blé et cent mousquetaires entretenus pour deux mois; celle d'Arles, du blé pour la valeur de trente mille livres; Hyères, Toulon, Ollioules, deux mille quatre cents hommes, sur six vaisseaux frétés à leurs dépens; Draguignan, quatre cents soldats avec leur subsistance. L'entraînement patriotique fut si grand, que le seul village de Biot, situé dans le canton d'Antibes, envoya trois cents hommes bien armés et entretenus pour un mois.

Toutes les forces étant réunies à Cannes, on fixa l'attaque au 24 mars, sur les sept heures du soir; mais un vent contraire qui s'éleva obligea les Français à la renvoyer au 28. Les Espagnols avaient élevé dans l'île cinq forts réguliers, ralliés entre eux par des lignes de communication. L'un d'eux, appelé le Fortin, était construit sur l'emplacement où l'on voit encore aujourd'hui les ruines romaines, désignées sous le nom de fort Sainte-Anne, entre les constructions de la douane et le Batiguie, non loin de l'étang. L'attaque fut dirigée de ce côté. Nos troupes, au nombre de deux mille cinq cents hommes, attaquèrent avec vivacité cette première fortification, et, le 28, à quatre heures de l'après-midi, malgré une résistance des plus opiniâtres, elle tomba au pouvoir des Français, qui travaillèrent toute la nuit à se retrancher. Le lendemain, elles furent en mesure d'attaquer une fortification plus importante, le fort de Monterey, qui fut enlevé sans beaucoup de perte du côté des Français.

Il restait encore trois fortifications que les Espagnols défendirent avec plus de courage et d'opiniâtreté, en faisant des sorties fréquentes, et détruisant les ouvrages de siége que les Français s'efforçaient de rétablir avec la même activité; dans ces divers engagements, on perdit de part et d'autre beaucoup de monde, et la noblesse provençale eut à déplorer la perte des plus vaillants gentilshommes de la contrée. Le fort d'Aragon, situé à l'extrémité ouest de l'île, et dont les ruines portent aujourd'hui, par corruption, le nom de fort du Dragon, se rendit par composition, le 20 avril; celui du Batiguie, dont il reste encore la tour, capitula le 24 avril. Mais les Espagnols avaient concentré tous leurs moyens de défense dans le fort de Sainte-Marguerite; les Français, après plusieurs tentatives dans lesquelles ils perdirent beaucoup de monde, furent obligés d'attendre de nouveaux secours pour en continuer le siége. La division qui s'était mise dans leur camp au mois de septembre précédent retenait loin des opérations du siége beaucoup d'officiers et leurs milices, et les secours n'arrivaient pas facilement.

Enfin, la réconciliation du maréchal de Vitry et du comte d'Arcourt amena la prise du fort de Sainte-Marguerite; le maréchal de Vitry était resté à Cannes avec son régiment, sous prétexte de garder les côtes, mais en réalité dans le but de faire échouer l'entreprise. Les commissaires du gouverne-

PONT DE GARDANNE.

ment parvinrent à lui faire sentir tout l'odieux d'une pareille conduite, et il consentit alors à prêter son secours au comte d'Arcourt, à condition que celui-ci ferait quelques avances pour se réconcilier avec lui; ils se virent, en effet, à une distance à peu près égale de leur demeure respective, dans l'habitation de Mont-Fleury, occupée par le commissaire du roi, et qui appartient aujourd'hui à M. Henry de

Crookenden, gentilhomme anglais. Ce moyen ingénieux sauva l'amour-propre des deux adversaires, et les intérêts de la France ne furent point sacrifiés à un point d'amour-propre malentendu.

Le maréchal envoya, le lendemain, aux îles cinq cents hommes de son régiment et une compagnie de chevau-légers. Avec ces nouveaux renforts, les Français serrèrent de plus près la place; le régiment de Vitry, voulant racheter les reproches que son inaction lui avait attirés, fit des prodiges de valeur et se rendit maître d'un retranchement et d'une citerne qui fournissait de l'eau à la place. Ce fut une grande perte pour les assiégés, qui firent, le lendemain, des efforts inouïs pour en déloger les Français; mais, après un combat de plusieurs heures, les Espagnols furent repoussés avec des pertes considérables.

Le lendemain, les assiégeants battirent en brèche une tour qui croula et qui ensevelit sous ses ruines la seule citerne qui restait aux Espagnols. Don Miguel Pérez, gouverneur en chef de l'île et des troupes espagnoles, demanda une trêve de six jours, dont les conditions furent que la garnison sortirait du fort avec les honneurs de la guerre, si dans ce laps de temps elle n'était secourue par des renforts suffisants, et si elle ne recevait des munitions et des vivres.

Les assiégés profitèrent de cette trêve pour envoyer deux officiers à Gênes et à Final, afin de donner des nouvelles de leur fâcheuse situation. Les envoyés retournèrent peu après, et déclarèrent à don Miguel Pérez que, la flotte française étant trop nombreuse, il n'y avait aucun secours à espérer. Ce fut alors que les Espagnols se décidèrent à évacuer le fort au nombre de sept cents hommes, tant officiers que soldats en état de combattre; plus, deux cent vingt-huit blessés ou malades. Don Miguel Pérez sortit le dernier, à cheval, accompagné de cinquante-quatre cavaliers. Le comte d'Arcourt vint à sa rencontre; quand le gouverneur l'aperçut, il mit pied à terre, et, s'adressant au comte, il lui dit : « Si la division ne s'était pas mise dans la garnison, peut-être ne m'auriez-vous pas forcé de me rendre; mais enfin, puisque je dois être vaincu, je m'estime heureux de l'avoir été par un aussi vaillant et aussi brave capitaine que vous. »

Les Français tournèrent ensuite leurs forces contre l'île de Saint-Honorat. L'escadre du commandant Mantis et celle du commandant des Gouttes investirent l'île. Mais, avant d'opérer la descente, le comte d'Arcourt envoya, jusqu'à trois fois, le commandant de Guittaut au gouverneur espagnol, pour l'engager à se soumettre, dans l'impossibilité où il était de recevoir des secours. Celui-ci répondit toujours qu'il était prêt à mourir sur la brèche plutôt que de se rendre.

Le 14 mai 1637, les Français, au nombre de douze cents, envahirent l'île Saint-Honorat. Leur attaque fut si impétueuse, que les Espagnols furent immédiatement chassés de toutes leurs redoutes et obligés de se renfermer dans la tour. Dans une première attaque contre cette fortification, nous perdîmes soixante hommes; mais la vivacité de nos soldats intimida tellement les assiégés, qu'ils se rendirent le 15 avec les honneurs de la guerre.

Ainsi finit cette campagne, qui coûta beaucoup de noble sang à la Provence. L'histoire a conservé le nom de plusieurs chefs provençaux qui se distinguèrent par leur bravoure dans cette expédition : c'étaient Grasse de Bar, Villeneuve-Séranon, Grasse Saint-Césaire, le comte de Châteauneuf, Grasse Saint-Tropez, les Durand-Sartoux, Grasse-Mohans, Saint-André, son frère; parmi ceux qui payèrent de leur vie, Gaspard Séguiran, deux de la maison de Grasse; Bellon et Isnard de Grasse parmi les blessés; Villeneuve Flayose et beaucoup d'autres.

Nous avons retrouvé avec plaisir, en face des lieux qui furent témoins de leur bravoure, les noms des illustres chevaliers qui virent le jour sur notre terre de Provence; la plupart de ces nobles familles sont aujourd'hui éteintes; celles qui subsistent encore liront le nom de leurs aïeux avec orgueil, et verront avec plaisir leur blason reproduit à côté des nobles actions de leurs ancêtres.

En 1707, le 11 juillet, le duc de Savoie et le prince Eugène franchissent le Var pour s'emparer de Toulon; mais ils sont arrêtés par le feu soutenu des batteries de l'île Sainte-Marguerite. Ce fort commande une partie de la route qui conduit de la frontière à Cannes.

M. de la Mothe-Guérin, qui commandait à cette époque la forteresse, n'avait avec lui, pour toute garnison, que quelques vétérans; ils servirent si bien les pièces, que l'ennemi fut obligé de suspendre sa marche vers Cannes.

Le duc de Savoie, outré d'une résistance à laquelle il s'attendait si peu, envoya un parlementaire au commandant du fort, pour lui enjoindre de cesser son feu sur l'heure, sous peine de n'avoir aucun quartier, ni lui ni la garnison : « Dites à celui qui vous envoie, répondit le vaillant commandant, que je ferai pendre sur-le-champ celui qui aura l'audace désormais de venir porter une semblable négociation ou d'approcher seulement de ces murs. » Et le feu continua.

Le duc de Savoie, exaspéré, fit approcher l'armée navale ; mais de nouvelles pièces, mises en batteries par les assiégés, contraignirent la flotte à s'éloigner, pour éviter des pertes trop considérables à leur entrée en campagne.

Les Allemands firent alors afficher dans tous les bourgs voisins, et surtout à Cannes, une proclamation ainsi conçue :

« Au nom de l'Empereur, défense est faite, sous peine de
« la vie et du feu, d'avoir aucun commerce avec la garnison
« des îles Sainte-Marguerite.

« Tous ceux qui exécuteront ponctuellement ces ordres
« seront déchargés de la capitation des tailles, des droits
« établis sur le sel et le tabac, et des autres impôts. »

A quelque temps de là, le duc de Savoie disait, en parlant de M. de la Mothe-Guérin :

« C'est sous le feu des îles Sainte-Marguerite que j'ai mieux connu qu'en aucun autre lieu que j'étais en pays ennemi. »

Dans cette circonstance, M. de la Mothe-Guérin mérita la reconnaissance des habitants de la contrée en protégeant la vie et la fortune de plusieurs familles qui s'étaient réfugiées sous sa protection dans les deux îles.

Ce ne fut pas seulement sous le fort Sainte-Marguerite que les Impériaux éprouvèrent une courageuse résistance. Les habitants de Pégomas et d'Auribeau, oubliant un moment leurs querelles continuelles, firent cause commune contre les soldats du duc de Savoie, et, après leur avoir fait éprouver des pertes considérables, succombant à la force du nombre, ils se réfugièrent dans l'enceinte d'Auribeau, qui, par la nature de sa position, offrait des moyens plus faciles de défense.

Les Savoyards, furieux de trouver dans un chétif village une résistance aussi opiniâtre, envoyèrent aux habitants d'Auribeau un message pour les inviter à sortir de leur muraille et à livrer bataille en rase campagne. « Nous accepterions, répondirent les paysans, si la partie n'était que double ; mais vous êtes dix contre un, quelle serait donc votre honte, si vous étiez encore vaincus ? »

L'ennemi leva le siège pour éviter de nouvelles pertes, et s'engagea dans les gorges de l'Estérel, où les courageux habitants les suivirent et leur firent éprouver de nouveaux échecs.

Le 13 décembre 1746, l'île Saint-Honorat fut une dernière fois envahie par les Anglais et les Autrichiens, qui l'occupèrent pendant une année. La forêt souffrit beaucoup du séjour de ces troupes, qui la saccagèrent presque complétement, pour élever des travaux de défense sur divers points de l'île; les magnifiques pins séculaires qui la couvraient, et que tant de hordes barbares avaient respectés, tombèrent devant les tristes nécessités de la guerre. L'île fut reprise, le 25 mai de l'année suivante, par M. le chevalier de Belle-Isle, qui en expulsa les armées alliées.

Ce monastère, célèbre par tant de glorieux souvenirs, avait déjà perdu, à l'époque dont nous parlons, son ancienne splendeur. Quelques rares moines promenaient leur oisiveté, certains historiens disent leurs vices, à travers les longs corridors du cloître. Ces voûtes, jadis retentissant des éloquentes paroles des savants prédicateurs de la foi, ne résonnaient plus que du rire de l'orgie; aux saintes extases de la solitude succéda le far-niente de l'ivresse, et le scandale fut si grand, que le monastère fut sécularisé en 1788, et la mense abbatiale réunie à la dotation de l'évêque de Grasse. Les propriétés de la communauté consistaient surtout en fours et en moulins banaux, dont les principaux étaient les moulins de l'abbaye, situés entre Cannes et Pégomas, et qui portent encore aujourd'hui, par corruption, le nom de *Moulin de l'Abbadie;* plus, quelques fours, et d'autres moulins situés dans les communes de Mougins, du Cannet et de Cannes.

Les religieux étaient seigneurs de Vallauris, Valbonne et autres lieux; leurs revenus atteignaient, au temps dont nous parlons, le chiffre de quinze mille francs environ.

A cette époque, il n'y avait plus dans l'île que sept moines, presque tous n'y résidant qu'une faible partie de l'année, et pendant la belle saison; on accorda quinze cents livres de pension à chacun d'eux, et, par lettres patentes, tout le mobilier leur fut concédé; ils partagèrent entre eux les restes délabrés de la magnifique bibliothèque du monastère : il ne restait plus de remarquable qu'un manuscrit en deux volumes d'une haute antiquité, grand in-folio, écrit sur parchemin, contenant l'Ancien et le Nouveau Testament. Ce livre remarquable paraît avoir eu, dans les temps éloignés de nous, quelque célébrité; il fut transporté à deux conciles célèbres, celui de Trente et de Constance, où il fut consulté; il passa ensuite entre les mains de l'un des grands vicaires de l'évêché de Grasse. Ce précieux manuscrit, devenu célèbre, n'est point perdu, quoique un peu détérioré. Il appartient aujourd'hui à la famille Ricord de Grasse, qui, dit-on, l'a offert à la bibliothèque impériale.

A l'époque de la sécularisation du monastère de Lérins, M. de Prunières, évêque de Grasse, distribua aux principales paroisses de son diocèse les précieuses reliques qui s'y trouvaient; il donna à Cannes la magnifique châsse en argent et vermeil, d'un magnifique travail, dont François Ier avait doté le monastère, et qui disparut durant les mauvais jours de la révolution de 93. Elle renfermait un tombeau d'un bois très-dur qui existe encore dans notre paroisse, et qui porte sur l'un de ses côtés l'inscription suivante en lettres gothiques coloriées :

CORPUS S. MI HONORATI
LERINENSIS EPISCOPI ARELATENSIS IN
HOC RECONDITUR, SACELLO QUI
SI QUIS APERIRE PRÆSUMSERIT.
ANNI FINEM NO VIDEBIT.

La tête de saint Honorat fut réservée pour Grasse ; les deux bras furent donnés aux paroisses de Mougins et du Cannet.

La commune d'Auribeau reçut en partage la mâchoire de saint Antoine, renfermée dans une fort belle châsse gothique en vermeil d'un beau travail, et qu'on promène processionnellement autour du village le jour de la fête de saint Antoine, qui est le patron du pays.

On trouve encore, dans la même paroisse, un vaste plat en laiton de même origine, et qui a dû appartenir à Cicéron ; on remarque, au centre, l'effigie en relief du célèbre orateur, avec ces mots en exergue : *Julius Cicero*.

Ce fut vers les dernières années du dix-huitième siècle que l'abbaye de Lérins fut supprimée, à cause de la conduite scandaleuse des moines. Devenue propriété nationale, elle fut vendue à mademoiselle de Sainval, de la Comédie-Française, qui fit restaurer la partie ouest du château et qui l'habita quelque temps ; c'est la portion de l'édifice qui se trouve aujourd'hui presque entièrement ruinée et qu'il est très-dangereux de visiter.

Mademoiselle Marie-Blanche Alziary de Roquefort, l'une des deux actrices qui, sous le nom de Sainval, ont illustré la scène française, était née dans la petite ville de Saint-Paul du Var. Leur père, homme honorable, ayant le titre d'avocat, cultiva de bonne heure les dispositions de ses enfants pour l'art dramatique. Ce fut au couvent des religieuses d'Antibes, dans quelques-unes de ces représentations de famille dont Saint-Cyr donna l'exemple et le modèle, que le talent de ces demoiselles commença à se développer; l'aînée surtout montra un talent au-dessus de son âge dans le rôle d'Esther, et, dans un moment d'inspiration artistique, elle dit à une de ses compagnes : « Je sens que je me ferai comédienne. »

La prophétie s'accomplit; car, après avoir achevé leur éducation au couvent, les demoiselles Alziary rentrèrent dans le sein de leur famille et continuèrent leurs études dramatiques, pour lesquelles leur père, qui était doué d'une belle figure, avait un goût décidé; il cultiva surtout le talent naissant de sa fille aînée, lui fit étudier le rôle de Zaïre, et, quittant un jour le foyer domestique, on le vit paraître sur la scène de Montpellier, demandant, par un discours remarquable, indulgence pour sa fille; il joua lui-même le rôle de Lusignan et arracha des larmes à toute la salle.

De ce moment, la fortune théâtrale de mademoiselle Alziary fut assurée ; le père la conduisit à Paris, où il appela sa sœur cadette, et là, en face des grands comédiens de l'époque, ces demoiselles se livrèrent à des études sérieuses de l'art dramatique, et bientôt la scène française compta deux illustrations de plus ; l'aînée débuta dans la tragédie de Mérope, qui fut toujours son rôle favori, et Marie-Blanche arracha souvent des larmes et des applaudissements dans *Iphigénie en Tauride* et dans la haute comédie de Molière, qui fut plus particulièrement le cachet original de son talent.

Mais, ainsi qu'il arrive toujours dans la vie théâtrale, les petites jalousies, les basses cabales, surgirent à l'encontre du talent de Marie-Blanche; en lutte avec plusieurs médiocrités de son temps, elle se dégoûta de la scène et du monde, et vint enfouir ses rêveries et ses regrets loin du bruit, comme une reine détrônée, philosophant sous les voûtes silencieuses et sombres du cloître de Saint-Honorat. Plus tard, l'île fut vendue par les héritiers de mademoiselle de Sainval à M. Sicard, négociant à Cannes, puis à M. Sims, ministre anglais, qui à sa mort l'a léguée à des héritiers qui l'ont mise en vente.

Au milieu de cette succession de propriétaires, nous sera-t-il donné de voir surgir un restaurateur de ces illustres ruines, ou faudra-t-il voir s'achever, pierre à pierre, l'œuvre destructive du temps? On sème tant d'or au milieu de nous pour copier le style de ces vieilles tours, ne trouvera-t-on pas une obole pour les soutenir, pour les faire revivre? Ces ruines encore vivantes, qui nous parlent de leur passé, ne seront bientôt plus qu'un amas de décombres, et les générations futures se demanderont, comme nous le faisons aujourd'hui en face de tant de monuments rasés par le vandalisme, si ce fut bien là le berceau du christianisme dans les Gaules.

Indépendamment du Masque de fer, dont tant d'historiens ont essayé d'écrire l'histoire mystérieuse, plusieurs personnages de distinction habitèrent, à diverses époques, l'île Sainte-Marguerite : le régent la donna pour prison à Lagrange-Chancel, à la suite de la publication de ses virulentes *Philippiques*.

M. Omer de Talon, suspect à Napoléon, y fut exilé pendant deux ou trois ans; c'est à ce personnage, qui mena joyeuse vie pendant son séjour à l'île, que nous devons les jolies allées percées dans les parties les plus couvertes de la forêt, et qu'il parcourait à cheval ou en voiture, accompagné de la brillante société qu'il y avait attirée.

En 1807, la duchesse d'Escars y fut envoyée pendant quelques mois pour expier quelques propos imprudents, peut-être inventés par ses ennemis; elle fut de là transportée à Nice, suivie de sa fille, qui ne l'abandonna jamais pendant sa captivité.

Napoléon Ier y envoya encore M. de Broglie, évêque de Gand, dans le courant de 1809, pour expier la résistance qu'il avait faite à ses volontés souveraines.

L'île Sainte-Marguerite a été affectée, depuis quelques années, au dépôt des prisonniers arabes. Ces costumes orientaux s'adaptent parfaitement aux lieux dont les sites, le climat et surtout la végétation rappellent l'Afrique. Ces longs burnous blancs encadrant ces figures expressives; ces groupes orientaux psalmodiant les versets du Coran au milieu des touffes de lentisque, d'aloès et de figuier de Barbarie; les sons lointains du tam-tam se perdant dans les profondeurs d'une forêt vierge, où les rayons du soleil ne pénètrent jamais : tout donne au paysage qui vous entoure un cachet fantastique qui vous transporte par la pensée au milieu d'une oasis africaine.

VILLA VICTORIA.

CHAPITRE IV

Les armées alliées. — Débarquement de l'Empereur au golfe Jouan. — Épisode de son passage. — Cambrone. — Drouot. — Bertrand. — Le prince de Monaco. — Lord Brougham et la grippe. — Les étrangers à Cannes. — Le château Éléonore-Louise. — Le général Taylor. — La villa Saint-Georges. — M. Voolfield. — La villa Victoria. — Lord Londesbourough. — Le château Sainte-Ursule. — La villa Leader et la famille Osten-Saken.— Le château gothique de la Bocca.— Le château Sainte-Marguerite.— La villa Desanges. — L'amiral Pakenham. — La villa du Rocher. — Une carrière romaine.— La villa Alba. — La villa Alexandra. — La villa Crookenden. — La villa de la comtesse d'Oxfort. — Jean de Riouffe. — Hommes illustres.

L'histoire contemporaine de notre pays n'offre rien de bien remarquable. La révolution de 93 passa sur sa tête sans l'atteindre, pas un seul excès n'y fut commis. Les guerres maritimes de l'Empire ruinèrent comme partout notre marine. Les Anglais, à cette époque, nous firent bien du mal;

mais ils s'acquittent aujourd'hui envers nous en nous faisant beaucoup de bien.

Le passage des armées alliées s'effectua sans excès de leur part; elles y entrèrent et y vécurent plutôt comme en pays ami, moins les nécessités de réquisition de toute espèce indispensables au passage d'une grande armée.

Nous arrivons à cet événement mémorable qui a donné à notre pays une célébrité universelle, le débarquement de l'empereur au golfe Juan.

Napoléon avait abdiqué à Fontainebleau, et ce grand génie, qui avait promené sa gloire depuis les rivages brûlants de l'Éthiopie jusqu'aux steppes glacés de la Sibérie, avait choisi pour royaume les rivages bornés de l'île d'Elbe.

Aux armées innombrables qu'il avait dirigées de son puissant génie, avait succédé un détachement de quatre cents hommes de la vieille garde, commandés par le vaillant Cambrone, qui avait partagé la fortune de son maître au temps de la gloire, et qui venait aujourd'hui partager sa douleur au temps de son infortune.

Tout était calme dans le petit royaume; l'empereur semblait avoir oublié ce qu'il avait été, pour ne plus se souvenir que des intérêts de son petit peuple de pêcheurs qu'il avait adopté; mais il couvait dans son âme une éclatante revanche.

Les Bourbons avaient perdu dans leur long exil le secret du caractère national; ils étaient oubliés. La gloire disparaissait, et la liberté promise à la France par Louis XVIII ne venait point.

Pendant les belles matinées du printemps, l'exilé de l'île d'Elbe pouvait apercevoir au loin les côtes de la belle France, et son cœur devait entendre les vœux de ses enfants, qui ne pouvaient oublier ni sa gloire ni la honte de l'invasion étrangère.

La petite île était devenue le but de maints pieux pèlerinages, et toutes sortes de personnages de distinction venaient pour voir de près, dans la dignité de son abaissement, celui dont le grand nom remplissait l'histoire. Les Anglais, surtout, accouraient en foule : lord Benting et lord Douglas, entre autres, furent admis auprès de l'empereur, et retour-

VILLA SAINT-GEORGES.

nèrent émerveillés de la sérénité de son esprit au milieu de sa nouvelle position.

Mais le sommeil de l'aigle ne fut pas de longue durée. Le 24 février, l'amiral Campbell, qui croisait avec une flottille pour surveiller les mouvements du nouvel empire, quitta les parages de l'île d'Elbe pour aller passer quelques jours à Livourne, où il avait noué des relations : le moment était favorable.

Le 25, une fête fut donnée à la population par madame Lætizia et la princesse Pauline, qui étaient venues partager la captivité de l'empereur déchu. Pendant que l'on dansait à la petite cour, tous les préparatifs furent faits, toutes les dispositions prises à bord des navires désignés pour l'expédition. Le brick l'*Inconstant*, de vingt-six canons, capitaine Chautard ; les bombardes l'*Étoile*, la *Caroline*, et quatre felouques, reçurent leur aménagement.

Le 26, vers une heure de l'après-midi, les troupes reçurent l'ordre de se préparer au départ. Elles se composaient des quatre cents hommes de la vieille garde, de deux cents fantassins, cent chevau-légers polonais et un bataillon de flanqueurs Corses.

A quatre heures du soir l'embarquement était terminé ; à huit heures, Napoléon monta sur l'*Inconstant*, avec les généraux Drouot, Cambronne et Bertrand ; puis un coup de canon donna le signal du départ. La traversée fut longue et pénible au milieu des croisières françaises que l'on rencontra plusieurs fois ; mais la France devait encore une fois retremper sa pensée dans le spectacle de cette grandeur déchue.

Le 1ᵉʳ mars vers midi, la flottille arriva en vue du cap d'Antibes : « France ! France ! » crièrent ces mâles poitrines en aspirant les brises embaumées de notre Provence. Puis, officiers, soldats, marins, tous ceux qui savaient écrire se mirent à rédiger, sous la dictée de l'empereur, des proclamations au peuple, et en multiplièrent ainsi les copies.

A trois heures, la flottille avait pris mouillage dans le golfe Jouan.

L'enthousiasme dut être grand parmi ces vieux débris des Pyramides, de Marengo et d'Austerlitz, en saluant le sol chéri de la patrie. L'émotion dut être profonde, car ils arrivaient presque en ennemis sur le sol natal. Le paysage qui les entourait prêtait singulièrement à ces graves pensées. Le rivage se dessinait à leurs yeux comme une auréole d'argent ; les monticules qui bordent le golfe, richement boisés de pins et d'oliviers au feuillage sombre, parsemés de bastides blanches entourées d'orangers, rappelaient à tous les vieux braves, la plupart enfants de la Provence, leur foyer absent.

Les Alpes maritimes formaient dans le lointain, avec leurs sommets de glaces éternelles, un cadre sévère à ce magnifique tableau, et devaient parler, dans leur majestueuse grandeur, au grand capitaine de ses premiers exploits, car c'est au pied de ces mêmes Alpes que le général Bonaparte a commencé sa brillante carrière militaire, et c'est encore au pied des Alpes que l'empereur vaincu va essayer de renouer la chaîne brisée de ses victoires.

A quatre heures et demie du soir, le débarquement fut terminé ; le drapeau et la cocarde tricolore furent arborés par les quatre cents hommes de la vieille garde, les deux cents fantassins, les cent chevau-légers et le bataillon des flanqueurs, qui se rangèrent en bataille sur le rivage au cri de : *Vive l'Empereur!*

Déjà les bombardes l'*Étoile*, la *Caroline* et les quatre felouques qui avaient amené la faible division prenaient le large, lorsque l'illustre exilé quitta le brick l'*Inconstant*.

La mer était houleuse ce jour-là, et les flots de la Méditerranée semblaient se jouer du frêle esquif qui portait dans ses flancs le sort de l'Europe. La barque, poussée par quatre vigoureux matelots, aborda au rivage, et Napoléon, debout au milieu des généraux, étendait les bras vers la terre, comme pour reprendre possession de son empire.

De la plage du golfe Jouan, une poignée de braves, conduits par un illustre aventurier, précédé par un nom, par une grande renommée, par un symbole de gloire, va s'élancer vers Paris, naguère la capitale du monde, soumise depuis un an à des maîtres nouveaux.

Le faible ruisseau rencontrera-t-il dans sa course des affluents nombreux pour rouler des ondes majestueuses et irrésistibles, ou restera-t-il mince ruisseau pour se perdre à quelques pas de là dans les sables où il est né ?

Au milieu des réflexions qui devaient agiter son âme, le grand homme prit à pied la petite route encaissée d'oliviers, d'orangers et de cyprès, qui conduit de la plage à la route impériale. A quelques mètres avant d'arriver à la route, il sentit le besoin de se recueillir et de dicter de nouveaux ordres; il s'assit dans l'enfourchure d'un olivier parfaite-

LE CHATEAU SAINTE-URSULE.

ment disposé pour cela, et sur lequel la vénération du peuple, dans sa touchante simplicité, a gravé le nom de l'empereur et son petit chapeau historique. De là il donna ordre au général Cambronc de se porter vers Cannes avec un détachement pour en occuper les issues, et fit requérir six mille rations pour son armée de douze cents hommes.

C'était le soir, vers cinq heures; la petite ville de Cannes, moins animée à cette époque qu'aujourd'hui, était peuplée d'une foule de petits bourgeois qui mangeaient leurs rentes sur la porte d'un café qui a eu à Cannes sa réputation, le café Guillon. On devisait sur les affaires du jour, sans penser à mal, lorsqu'on vit arriver du côté d'Antibes, au petit galop de son cheval, un général à la figure bronzée, à l'air profondément militaire. L'inconnu s'approcha du groupe et demanda l'hôtel de ville. Cet événement, en lui-même, n'aurait pas troublé la sérénité des bons bourgeois; mais le général portait fièrement à son chapeau la cocarde tricolore. De là mille chuchotements, mille suppositions qui s'écartaient plus ou moins de la réalité. Arrivé à l'hôtel de ville, il demanda le maire, qui était absent. L'adjoint arriva, c'était M. Antoine Vidal, qui vit encore, et qui, malgré son grand âge, raconte cet événement avec toute la lucidité d'un jeune homme. Cambrone annonça au magistrat que l'empereur Napoléon était au golfe Juan avec son armée, et qu'il fallait dans la soirée six mille rations pour les braves qui l'accompagnaient. L'émoi fut grand, l'étonnement à son comble; la ville n'offrait pas à cette époque les mêmes ressources qu'aujourd'hui, elle comptait à peine trois mille âmes de population; mais le magistrat auquel Cambrone s'adressait trouva dans l'amitié qu'il avait vouée à l'empereur pendant son séjour en Égypte les ressources nécessaires pour surmonter la difficulté de la position, et le soir les six mille rations étaient transportées à l'endroit désigné.

Le bivac fut établi sur le terrain où est située la maison de M. Charles Arimondy, au nord de la petite chapelle de Notre-Dame; les troupes formèrent un cercle, dont l'empereur occupa le centre avec son état-major, rangé autour d'un grand feu qui fut allumé à cause de la fraîcheur de la nuit; le grand homme resta debout pendant que ses généraux dormaient enveloppés dans leurs manteaux; il se promenait grave et silencieux, enveloppé dans sa redingote grise, les mains derrière le dos, songeant sans doute à la gravité de ses prochaines entreprises, lorsqu'il entendit un certain murmure dans les rangs : c'était les grognards qui se voyaient assaillis par les enfants du pays, par ces armées turbulentes de gamins qui se glissent partout, même entre les jambes des chevaux, quand il s'agit d'une curiosité à satisfaire. On se fâchait déjà, lorsque l'Empereur, parodiant les paroles du Christ, dit à ses soldats : « Laissez venir les enfants vers moi. » Aussitôt cette légion de bambins se précipita autour de Napoléon au cri de : *Vive l'Empereur!* Celui-ci, se tournant alors vers Drouot, que ce tumulte avait éveillé en sursaut et qui portait déjà la main à la garde de son épée : « Ne vous effrayez pas, Drouot, ce ne sont point des ennemis; ce sont, au contraire, des auxiliaires d'un bon augure : nous pouvons compter au moins sur la jeune France. »

L'arrivée d'un personnage qu'on introduisit dans le cercle mit fin à cette petite scène. L'Empereur congédia amicalement les enfants, qui se retirèrent en faisant retentir une dernière fois le cri de : *Vive l'Empereur!*

Le nouveau visiteur était un homme d'une cinquantaine d'années, à l'extérieur fort distingué; il aborda l'Empereur d'un air très-respectueux, chapeau bas, et l'on put entendre très-distinctement Napoléon le saluer du titre de prince. Un débat assez vif s'engagea entre les deux personnages; le prince se défendait de son mieux et ne paraissait pas du tout de l'avis de l'Empereur, qui insistait beaucoup; enfin, après une courte discussion, Napoléon le congédia par ces seules paroles : « C'est bien, monsieur, vous pouvez continuer votre

CHATEAU DE LABOCCA.

route. » On sut le lendemain que le visiteur était le prince de Monaco, qui se trouvait en passage à Cannes, se rendant dans ses États, et que l'Empereur l'avait fait mander auprès de lui pour l'entraîner à le suivre.

Le 2, à quatre heures du matin, le camp fut levé et la petite armée se mit en route vers Grasse, au son de la musique guerrière, l'Empereur en tête, monté sur un cheval blanc.

Ainsi commença cette épopée aventureuse si remplie de

situations dramatiques, et dont une plume plus éloquente pourrait tirer un si grand parti.

A partir de cette époque, notre petite ville resta dans un oubli complet, dans un calme parfait : les Cent-Jours passèrent, et bien d'autres, sans qu'aucun événement vînt la mettre en évidence.

Enfin, en 1834, la grippe, qui précéda le choléra et qui fit presque autant de victimes, fut une providence pour notre pays, que ces deux fléaux épargnèrent.

C'était l'époque où les populations aristocratiques du nord de l'Europe font leur invasion périodique vers le sud, pour échapper à la bise et aux brouillards inconnus chez nous. Le roi de Piémont, craignant que toute cette population nomade, venue des lieux infestés par l'épidémie régnante, n'importât le fléau dans ses États, organisa au Var un cordon sanitaire destiné à arrêter les étrangers, et les forcer à faire une quarantaine de quelques jours avant d'être autorisés à pénétrer en Italie.

Beaucoup de familles anglaises refluèrent vers Cannes pour y purger leur quarantaine. Lord Brougham, ex-chancelier d'Angleterre, fut du nombre de ces dernières; il voulut utiliser les quelques jours qu'il avait à passer dans notre pays à visiter les sites qui l'entourent ; il ne fallut pas longtemps à cette imagination puissante pour remarquer les richesses du paysage, l'excellence de certaines positions, et pour construire dans sa vaste intelligence tout l'avenir du pays.

Il acheta une propriété dans une situation charmante, et

bientôt, du milieu d'un magnifique bois d'orangers et d'oliviers, surgirent les gracieuses tourelles, les élégantes colonnades du château Éléonore-Louise : le noble lord l'avait dédié à une fille chérie, que la mort moissonna bien jeune et qui ne devait point l'habiter.

De ce jour, la fortune de Cannes fut assurée; le pays compta un grand citoyen, et de plus un admirateur passionné de son climat et des sites qui l'entourent. Il parla tant et si haut de sa colonie, que sa voix fut entendue, et qu'il ne tarda pas à avoir des imitateurs.

Le général Taylor, un de ses amis, vint fonder, non loin de sa demeure, la jolie villa Saint-Georges, dont le style italien s'harmonise si bien avec la pureté de notre ciel; mais le brave général ne devait pas jouir de sa création. Il mourut à Rome avant d'avoir pu habiter son Eldorado.

La famille mit la propriété en vente; elle fut achetée par sir Robinson Woolfield, cette autre providence de notre contrée, qui sème noblement son or en couvrant notre pays de monuments impérissables, et en donnant ainsi du travail et du pain à une population qui a traversé bien des mauvais jours, sans ressentir les étreintes de la misère et du besoin.

Le nouvel acquéreur de la villa Saint-Georges l'embellit encore, en fit la gracieuse habitation que nous voyons aujourd'hui, qui est, sans contredit, l'une des plus heureuses créations de ce genre.

Il améliora un terrain aride par des amendements bien entendus, et aujourd'hui, par les soins de M. Courant, l'un de ses neveux, qui lui a succédé et qui partage ses goûts, on rencontre, dans les jardins qui entourent la villa Saint-Georges, les plantes les plus extraordinaires, les arbres des latitudes les plus éloignées, et cela en pleine terre.

Plus tard, M. Woolfield fit construire le magnifique château Saint-Ursule, monument sévère et grandiose, au style gothique, avec ses hautes tours à mâchicoulis et ses ogives richement sculptées, où l'on voit flotter aujourd'hui le guidon de chevalier aux armes du noble et riche lord Londesbourough, auquel M. Woolfield a cédé cette villa, pour fixer dans le pays un grand personnage et une grande fortune de plus.

Pour alimenter sa prodigieuse activité, M. Woolfield fait construire aujourd'hui un nouveau monument : c'est la villa Victoria, qui sort, comme par enchantement, du milieu d'une corbeille de fleurs. Tout est riche autour de cette demeure ; la nature elle-même semble se parer des couleurs les plus brillantes, pour assortir la richesse du décor qu'on y jette à profusion : rien ne manquera autour de ce domaine, où l'on pratique si largement l'hospitalité.

Puis, comme au milieu de cette nature grandiose on sent son âme s'élever vers le Créateur de toutes ces merveilles, on voit avec bonheur des temples de toutes les religions, de toutes les sectes, s'élever çà et là, où chacun adore et remercie Dieu selon sa croyance.

La villa Victoria a son temple du même style, où toute la société anglaise se donne rendez-vous pour prier et faire le bien, et où le propriétaire a rassemblé tout le confortable qui convient en pareil lieu.

M. Leader, ex-membre de la chambre des communes, attiré par la présence de lord Brougham, son ami, fit bâtir une charmante villa non loin du château du noble lord: cette demeure, d'un style simple, mais à l'intérieur le plus confortable, a donné l'hospitalité à maints hauts personnages; elle a été habitée, cette année, par l'excellente comtesse russe Osten-Sakhen, femme du général de ce nom qui a joué un rôle important dans la guerre de Crimée; elle est venue demander à notre soleil un soulagement à ses maux, et notre précieux climat ne lui a pas fait défaut.

A peu de distance du côté de l'ouest, sur un rocher gigantesque dont la mer vient baigner la base, on remarque le château gothique de Labocca; il a été bâti par M. Sims, propriétaire de l'île Saint-Honorat, qui l'a vendu au comte d'Adelsward. Rien n'égale la magnificence du paysage qu'on découvre de cette demeure artistique; elle domine le magnifique golfe de la Napoule, qui rappelle les environs de Naples, par ces belles et magnifiques montagnes de l'Estérel, où il ne manque que le Vésuve pour achever la copie.

Nous ne pouvons pas omettre, en passant, la charmante position que M. Jean Raynaud, notre savant philosophe, a choisie, pour avoir sa part de notre soleil : on ne rencontre guère de position plus heureuse et mieux exposée.

Au-dessous de la propriété de M. Jean Raynaud, on remarque les jardins enchantés de M. Turcas : on se demande, en effet, comment cette terre, naguère aride, a pu se transformer et produire une végétation aussi riche, aussi abondante; on ne s'en étonnera pas si l'on pénètre au milieu de ces touffes de fleurs, où l'eau jaillit de toute part. Le propriétaire a compris que l'eau est le nerf de l'agriculture, et il n'a rien négligé pour en avoir à profusion.

La villa d'Ormesson, placée immédiatement au-dessous du château de lord Brougham, est une de ces constructions coquettes et de bon goût : c'est là que cette noble famille, qui a fourni tant d'illustres magistrats à la France, vient passer la saison rigoureuse en face de la Méditerranée, dont les flots viennent baigner les murs de cette retraite paisible.

Le joli château Sainte-Marguerite, placé sur le coteau qui domine le château de Labocca, dont nous avons parlé, jouit des mêmes points de vue. Rien n'a été oublié à l'intérieur pour rendre cette habitation à la fois agréable et commode ; on y remarque une magnifique pièce peinte à la gouache, par un excellent artiste italien ; c'est un joli salon de forme octogone, dont la famille Cossemille, qui en est propriétaire, fait les honneurs avec une grâce infinie.

Toute la partie ouest de la ville est ainsi parsemée de châteaux et de villas qu'il nous serait trop long de décrire, toutes dans des positions très-favorables à la santé, abritées de tous les vents et en plein midi, où le propriétaire a tout fait pour que l'étranger trouve l'hospitalité à bon marché, et le malade la guérison de ses maux ou l'amélioration de sa santé.

Si nous passons de cette position vers l'est de la ville,

c'est la même répétition de demeures somptueuses et bien bâties ; celles qui frappent surtout par leur situation pittoresque et par la grâce du style sont :

La villa Desanges, d'où on découvre une vue charmante sur le golfe de Cannes, les îles de Lérins et le golfe de la Napoule.

VILLA DU ROCHER.

L'habitation de l'amiral Pakénham, dont le style original rappelle les presbytères d'Écosse, décrits par Walter Scott.

La villa du Rocher, située sur la route d'Antibes, domine le magnifique panorama de la presqu'île de la Croisette et des îles de Lérins ; elle appartient à M. Sosthène Hervieu, ex-membre de l'Assemblée constituante, qui a su habilement tirer parti de cette magnifique position.

La jolie villa est d'un style italien pur, dont M. Viallet, architecte à Paris, a donné le plan ; elle est hardiment plantée sur un rocher granitique et sur l'emplacement d'une ancienne carrière renfermant du sulfure de plomb argentifère, jadis exploitée par les Romains.

VILLA ALEXANDRA.

Nous recommandons surtout aux artistes le magnifique point de vue qu'on découvre de la terrasse d'un kiosque d'architecture gothique, situé au sommet du rocher, d'où le panorama de Cannes et de ses environs se présente de la manière la plus grandiose au lever et au coucher du soleil.

La villa Alba, grande et belle construction, qui a reçu l'année dernière plusieurs membres de la famille Fould.

Nous ne passerons pas sous silence le joli château Alexandra, appartenant à M. Tripet. Son style oriental attire l'attention de tous les voyageurs qui se rendent de Cannes à Nice. Son minaret élancé, ses ouvertures mauresques, aux dentelures légères, rappellent les châteaux féeriques des *Mille et une Nuits*. La profusion de fleurs qui entourent cette habitation artistique, où l'architecte a voulu confondre tous les styles, vous transporte par la pensée vers les créations fantastiques de Claude Lorrain.

Vers le nord, dans la riche et fertile vallée de Terrefrial, au milieu d'une végétation luxuriante, on remarque une charmante villa appartenant à M. Henry de Crookenden, gentilhomme anglais : c'est encore une de ces positions privilégiées que les étrangers aiment à choisir pour demeure.

Dans la même vallée, adossée à un charmant bois de pins, au milieu du silence d'une campagne arrosée par des sources vives, repose la blanche villa de la comtesse d'Oxfort : tout est paix et mystère au milieu de ces allées ombragées d'oliviers séculaires ; c'est une de ces délicieuses solitudes qui invite au *far niente* et à la rêverie.

Cette propriété faisait partie du domaine de Jean de Riouffe, qui prit une large part à la défense du pays lors de l'invasion de la Provence par le duc de Savoie. Il fut anobli par Louis XIV, ainsi que nous le trouvons constaté dans ses lettres de noblesse, à cause, disent ces mêmes lettres, « de son application aux affaires et de sa grande activité pour l'avoir servi lors de l'entrée du duc de Savoie en Provence, et jusqu'à ce que son armée en a été sortie : ayant envoyé de puissants secours sur le Var, et l'ennemi ayant pénétré dans le pays et formé le siége de Toulon, ledit sieur de Riouffe aurait, par zèle extraordinaire, laissé sa maison et ses biens, ce qui lui a causé une perte de quarante mille livres, et pour les autres faits particulièrement exprimés, Sadite Majesté l'a anobli, et du titre et qualité de noble gentilhomme décoré, voulant qu'il soit tenu censé et réputé pour tel, ensemble ses enfants et postérité, tant mâles que femelles, nés et à naître en légitime mariage, tout ainsi que s'ils étaient issus de noble et ancienne race, » etc., etc.

HOMMES ILLUSTRES

En 1632 naquit à Cannes un homme qui devait illustrer la chaire sacrée sous le nom du père Honoré. Cet éminent prédicateur fut le contemporain et l'émule de Bourdaloue. Comme Louis XIV demandait un jour à ce dernier son opinion sur le grand orateur : « Siré, répondit Bourdaloue, le père Honoré déchire les oreilles, mais il fend les cœurs, et l'on restitue à ses sermons les bourses qu'on a volé aux miens. » Une pareille réponse n'a pas besoin de commentaire ; mais elle prouve une fois de plus que les Provençaux d'autrefois restaient fidèles à leur accent méridional comme ceux de nos jours.

Cannes vit naître à la même époque Muret, père de l'Oratoire, qui se fit également remarquer comme prédicateur dans les chaires de Paris, et s'attira par son esprit vif et brillant l'amitié et la protection des grands seigneurs ; il fut l'aumônier et le commensal du joyeux maréchal de Vivonne, dont il a écrit l'oraison funèbre.

Le poëte Méro, dont la famille existe encore, naquit à Cannes.

Notre pays a encore donné le jour au cardinal de Latil, archevêque de Reims, pair de France et précepteur du duc de Bordeaux.

LA CROIX DES GARDES.

CHAPITRE V

Promenades à faire. — Le Cannet. — La villa Sardou. — Rachel. — La Croix des Gardes. — Panorama. — Le pont de Gardanne. — Un mot sur M. Gardanne, contrebandier. — Légende. — Les Pointus ; point de vue. — La porte des Pendus. — La colline de Vallauris, point de vue. — Vallauris. — La montagne des Incourdoules. — La Cabro d'or. — Légende. — Fortifications gauloises. — Inscriptions romaines — La montagne des Pleurs. — Étymologie du mot Incourdoule. — Pierre milliaire du règne de Tibère. — Antibes, le Cap, le puits Aimond, la Brèche osseuse. — Mouans Sartoux, Pompée de Grasse. — Passage du duc de Savoie. — Siège du château. — Défense héroïque de Suzanne de Villeneuve. — Le Castelaras, inscriptions romaines. — Saint-Donat. — Grasse. — Toiles de Rubens et de Fragonard. — Saint-Vallier. — Ruines gauloises et romaines. — Le pont à Dieu. — Saint-Césaire. — La Foux. — Saint-Féréol. — Ruine romaine. — La grotte de Mons. — Visite à l'aqueduc de Roquotaillado. — Le tombeau de la famille Sempronia. — Auribeau. — But de promenades dont il est question dans les chapitres précédents. — Renseignements utiles aux étrangers.

L'une des promenades les plus agréables et les moins fatigantes est sans contredit la promenade au joli village du

Cannet. Placé dans une vallée délicieuse à l'abri de tous les vents, cette position est appelée à devenir bientôt une succursale de Cannes.

L'air qu'on y respire est plus pur, plus léger qu'en tout autre lieu, et la brise qui traverse les massifs d'orangers, de roses et de jasmins, vous arrive embaumée dans toutes les saisons.

Aussi une grande célébrité est venue naguère demander un asile à ce climat bienfaisant. Mais, hélas! la sublime tragédienne a fait comme tant d'autres, elle est arrivée trop tard, et, au lieu de trouver la santé et la vie, elle n'a obtenu qu'un atermoiement à sa fin, et elle est descendue plus doucement et avec moins de douleurs vers la tombe qu'elle avait voulu fuir.

La villa Sardou a été illustrée par cette reine de l'art dramatique. Tous les admirateurs du talent de Rachel, et ils sont nombreux, voudront visiter le sanctuaire où ce sublime génie a dit son dernier mot à la terre.

Aussi quel deuil autour de cette demeure; quel calme grandiose pour ceux surtout qui, comme nous, ont pu contempler cette tête illustre, que la mort n'avait fait qu'ennoblir!... Car elle était belle de la beauté du génie qui s'endort, et qui ne meurt pas; elle semblait dire à la terre, avec un sourire calme : « Prenez ma frêle enveloppe, je laisse derrière moi quelque chose qui ne passera pas si vite, et que la mort est impuissante à détruire. C'est le souvenir de ma gloire, de mes triomphes, de mon sublime talent, que vous ne remplacerez peut-être plus, et qui a usé ma vie à force de vous le prodiguer.

LA CROIX DES GARDES

POINT DE VUE.

Si vous gravissez la colline escarpée qui défend le château Éléonore-Louise du côté du nord, vous arriverez, après une demi-heure de marche, à un bois de pins assez sombre, au milieu duquel vous verrez surgir, comme une ronde de fantômes, plusieurs rochers de couleur sombre, surmontés d'une vieille croix de fer : c'est la Croix des Gardes, l'un des plus jolis points de vue de la contrée. De ce magnifique amphithéâtre vous dominerez toutes les villas anglaises qui sont jetées çà et là au pied de la colline; en face vous aurez la pleine mer, qui, par un beau jour de calme, si commun dans nos pays, n'a pas d'horizon, et vous offrira dans le lointain le spectacle fantastique du mirage; à votre gauche, au milieu des vapeurs légères d'un beau soleil levant, vous apercevrez la chaîne neigeuse des montagnes de la Corse, du côté du magnifique golfe de Saint-Florent.

A votre droite, la plaine de Laval, fermée au nord par le joli village d'Auribeau, entourée des hautes montagnes de Tanneron, de l'Estérel et du cap Roux, qui, par la sévérité de leurs teintes, contrastent d'une manière si ravissante avec les couleurs variées de la plaine. Puis, comme si la nature n'avait pas assez fait pour empêcher la monotonie du site, la main des hommes a élevé à l'extrémité de cette plaine, du côté de la mer, le joli mont Saint-Cassien, tout couvert de hautes futaies, où retentirent les bruits guerriers des légions d'Othon et de Vitellius; et, pour suivre par la pensée les événements historiques qui se déroulent à vos pieds, vous pourrez remarquer, suspendue aux flancs de la montagne, cette voie Aurélienne, à laquelle tant d'empereurs ont voulu apporter leur pierre, et que foulèrent les légions romaines pour asservir la Gaule. Plus près de vous, en suivant le littoral, au pied du mont Saint-Pierre, cette colline taillée en pain de sucre, vous distinguerez la Napoule avec son vieux château et ses vieux souvenirs grecs et latins. Plus loin, dans la même direction, comme un point blanc, se dessinant sur le fond noir d'une vallée sombre, le tertre de Théoule, tombeau de sainte Thulia et de sainte Consortia, sœurs du savant Eucher.

Plus loin encore, par un beau soleil levant, vous apercevrez, au niveau de la mer, l'entrée sombre d'une grotte : c'est le pont de Gardane, une magnifique curiosité naturelle que vous irez voir.

Au milieu de tous ces souvenirs grecs et latins, nous ne sommes pas fâché de rencontrer le nom de M. Gardane, de facétieuse mémoire, et je crois que le lecteur ne perdra rien à connaître son histoire.

M. Gardane ne vivait donc pas du temps de Strabon ni de Tite-Live, il existait tout bonnement au commencement de l'autre siècle; c'était un de ces hommes du vieux temps passé, qui prenait la vie gaiement et trouvait toujours moyen de tourner les choses les plus sérieuses d'une façon burlesque, afin de mettre les rieurs de son côté. Sa profession était celle d'honnête contrebandier. Ne vous effarouchez pas, bon lecteur, à cette révélation, car, je vous l'ai dit, M. Gardane ne faisait la contrebande que pour histoire de rire, et sans le secours de la moindre espingole. Ainsi, pour vous donner une idée de la tournure de son esprit, je vais vous raconter comment notre héros organisait ses expéditions aventureuses :

M. Gardane demeurait dans la partie de la vieille ville qu'on appelle le Suquet; il descendait le matin sur la marine, les mains dans les poches comme un bon bourgeois qui n'a absolument rien à faire, et il faut dire que sa personne se prêtait singulièrement à ce rôle, car il avait plutôt l'air d'un gros brasseur hollandais que d'un farouche contrebandier des sierras espagnoles; il possédait un bateau qui était continuellement sur le chantier en réparation, et dans l'impossibilité de prendre la mer, de sorte que la douane pouvait dormir tranquille sur le compte du contrebandier.

Arrivé sur la marine, notre flâneur, qui était censé n'avoir rien à faire, était abordé par les oisifs du pays :

« Eh bien ! père Gardane, quoi de neuf aujourd'hui ?

— Mais pas grand' chose, mes amis, si ce n'est qu'on a bien du mal à dépenser ses vingt-quatre heures par jour dans ce beau pays. Si au moins vous étiez des hommes à savoir tuer le temps avant que ce vilain-là nous tue! mais pas du tout, vous êtes là à médire de votre prochain toute la sainte journée, et moi à vous écouter; et pourtant y a-t-il plus beau pays au monde pour mener joyeuse vie, et à bon marché? Tenez, voilà patron Rostan qui vous le dira, que de bouillabaisses à Saint-Honorat, que de fasquier, aussi nous le disons souvent avec mon vieux maître d'équipage : la jeunesse d'aujourd'hui est vieille avant le temps.

— M. Gardane a raison, reprenait le fils du maire, qui était le neveu du receveur des douanes, ce qui ne l'empêchait pas de fraterniser avec le vieux contrebandier, il a raison. Allons donc passer quelques jours à Saint-Honorat.

— Oh oui! vous vous y prenez bien, ne savez-vous pas que mon bateau est en réparation?

—Mais en manque-t-il des bateaux sur la plage? reprenait un marguillier dont la bouillabaisse avait chatouillé l'appétit.

— Vous appelez ça des bateaux, vous autres, ce sont des rafiaux; pour moi je ne m'embarque pas sans biscuit, et il me faut beaucoup du lest à bord : je ne veux pas chavirer, pour que votre famille vienne ensuite me demander compte de votre vie.

—Mais vous avez la *Joséphine* qui est à terre, et qui a un arrière comme une frégate, reprenait un vieux complice du contrebandier; faut voir, on la prêterait peut-être pour quelques jours. »

Le fils du maire partait alors avec le marguillier pour aller demander la *Joséphine* à son propriétaire, qui ne la refusait jamais, tant il était flatté de complaire à M. Léon, le fils du premier magistrat de la localité.

Pendant que ces messieurs s'occupaient des provisions, M. Gardane recrutait son équipage, et c'était bientôt fait; puis on partait. C'était pour le pays une bamboche de M. Gardane, qui avait entraîné quelques bourgeois paisibles à faire une partie de mer, et personne ne pensait à mal, pas même M. Desmarets-Dièpe, receveur principal de la douane, dont M. Gardane avait débauché le neveu.

On arrivait donc à l'île Saint-Honorat, on passait la journée à rire et à boire, et la localité se prête singulièrement à ces sortes de distractions. Le soir venu, l'équipage de la *Joséphine* partait, son capitaine à la barre, pour aller ramasser la bouillabaisse pour le lendemain, c'était le fasquier ou la pêche au feu.

Mais croyez-vous que le vieux loup de mer allait à la pêche, qui n'était pour lui qu'un prétexte? il hissait le plus haut possible les deux grandes voiles latines qu'il avait eu soin de glisser à bord, et, profitant de la brise de terre qui gonflait ses voiles, il cinglait sur Nice, où il embarquait toute espèce de marchandises prohibées, qu'il débarquait ensuite le lendemain aux environs de Cannes, pendant que le neveu de M. Desmarest-Dièpe, receveur des douanes, et sa compagnie, attendaient la bouillabaisse à Saint-Honorat.

Un jour donc que le facétieux M. Gardane avait organisé une de ces charmantes parties, il fut surpris à son retour de Nice par une felouque de la douane, qui lui donna la chasse et qui marchait la peau du diable, selon l'expression du vieux marin ; la *Joséphine* marchait bien aussi, mais elle était sous le vent de la felouque qui la poussait au large ; le contrebandier se voyait pris lorsqu'il se vit en face de la grotte dont nous avons parlé plus haut. Cette grande excavation souterraine est percée dans la montagne dite de la Galère, entourée de grandes roches porphyriques aux couleurs sombres, qui forment comme les corridors nombreux d'un vaste labyrinthe où la mer circule. Les flots ont fait irruption dans cette large fissure, et ont ouvert une autre issue du côté du nord ; les eaux profondes en cet endroit servent de repaire à plusieurs phoques qui y ont établi leur domicile depuis plusieurs générations.

« Nous sommes sauvés, mes enfants, » s'écria le vieux marin. Aussitôt il commanda la manœuvre à démâter dans un clin d'œil ; la *Joséphine* fut rasée comme un ponton, et le vieux renard se terra dans le trou, où la felouque voulut le suivre ; mais il lui fut impossible d'entrer, à cause de la mâture à poste fixe dont elle était armée.

Puis, pendant que le chef de la brigade criait du dehors à M. Gardane : « M. Gardane, rendez-vous ! » celui-ci, jetant au fond de l'abîme toutes les marchandises qui pouvaient le compromettre, répondait : « Je me démène, je me démène. » Puis, sortant par l'ouverture opposée de la grotte, il arrivait à Cannes avant que la felouque eut eu le temps de l'atteindre.

C'est à l'épisode de la vie de notre héros que nous venons

de raconter que la grotte que nous signalons à nos lecteurs a dû de porter le nom de pont de Gardane; tous les vieux pilotes de notre pays vous raconteront les facéties du contrebandier, et, si vous faites une excursion vers cette curiosité naturelle, qui mérite d'être vue, vous y trouverez le double attrait du site et des souvenirs.

LES POINTUS
POINT DE VUE.

On nomme ainsi deux pics très-élevés qui dominent toute la chaîne des montagnes de Tanneron, dont nous avons parlé précédemment.

Nous conseillons cette promenade aux touristes admirateurs des beaux sites et des points de vue grandioses. C'est sans contredit ce qu'il y a de plus remarquable à voir dans ce genre.

On peut s'y rendre en voiture par la route de Fréjus jusqu'à l'hôtel des Thermes, qui se trouve un peu au delà du pont suspendu qu'on rencontre sur la Siagne, à sept ou huit kilomètres de Cannes.

On remarquera derrière l'hôtel un chemin qui serpente sur les flancs de la montagne, qu'on peut gravir, soit en voiture, et c'est alors un peu plus difficile, soit à cheval ou à pied, et la promenade devient alors des plus attrayantes, surtout si on est de force à s'y trouver par un soleil levant, ou par un soleil couchant.

Les habitants de ces contrées sauvages sont d'ailleurs très-hospitaliers, bien qu'ils aient des formes excessivement rustiques et quelquefois des types par trop ibériens. Nous avons fait cette excursion bien des fois avec des artistes, nous avons toujours trouvé dans les chaumières qui couronnent ces hauteurs une hospitalité écossaise, surtout chez les Issorats, hameau placé au sommet des Pointus.

LA PORTE DES PENDUS.

Ne vous effarouchez pas, lecteurs, et surtout vous, lectrices, à ce titre lugubre; car, si l'on a pendu à ces roches gigantesques où je vous envoie, il y a au moins bien des siècles écoulés, et pour notre compte nous n'avons rien trouvé dans nos recherches qui puisse légitimer une pareille légende.

La porte des Pendus, puisqu'il faut l'appeler par son nom, se trouve à deux kilomètres environ à l'ouest de la Napoule; elle se compose d'un énorme rocher taillé à pic que les Romains avaient coupé par le milieu pour donner passage à leur voie Aurélienne.

L'imagination populaire a voulu voir dans ce travail du grand peuple un instrument de supplice, où les seigneurs de la Napoule accrochaient leurs malheureux vassaux. Cette légende est trop en désaccord avec la noble devise des Villeneuve (*Riche d'honneur*). Nous aimons mieux ne pas croire à ce vieux conte et vous conseiller cette promenade, où vous irez ainsi sous l'empire de préoccupations moins lugubres. Cette route vous conduira d'ailleurs au joli golfe de Théoule, tombeau de sainte Thulia et de sainte Consortia.

LA COLLINE DE VALLAURIS

POINT DE VUE.

Cette montagne se trouve placée d'une manière très-heureuse pour notre pays, qu'elle défend du vent d'est. De la crête de cette colline élevée, où l'on remarque un pin gigantesque qui domine au loin la végétation qui l'entoure, la vue embrasse un vaste horizon, à l'est, vers les côtes d'Italie, dont on aperçoit Nice, la Turbie, le cap de Villefranche, une partie de la Corniche et toute la chaîne des Alpes maritimes, aux glaciers rougeâtres ; plus près de vous le vaste territoire des cantons de Vence et d'Antibes, et une quantité de villages situés tantôt au milieu de riches vallées, tantôt sur le penchant des montagnes les plus pittoresques. Au midi, sur le premier plan, la presqu'île de la Croisette avec ses bois de pins, les îles de Lérins, et, derrière, la pleine mer parsemée de voiles blanches.

A l'ouest, les montagnes de l'Estérel, si belles de détail, si riches de couleurs ; au-dessous, le magnifique panorama de Cannes ; au nord, les riches territoires du Cannet, de Mougins et de Grasse avec ses innombrables bastides blanches et ses grandes masses calcaires qui bornent la vallée et qui nous défendent des vents du nord.

Le moyen le plus facile d'arriver à cette position, c'est de suivre la petite route qui conduit de Cannes à Vallauris jusqu'à la chapelle Saint-Antoine, située au bord de la route, et prendre ensuite le petit sentier qui se trouve à votre gauche allant du côté du nord vers le sommet de la colline; c'est une promenade de deux heures, aller et retour, et qui vous fournira l'occasion de visiter l'ancien emplacement d'un camp gaulois, qui est bien moins conservé que ceux dont nous aurons à parler plus tard, et qui, malgré le temps et la main des hommes, a conservé quelques vestiges de son existence.

VALLAURIS.

En descendant dans la vallée qui se trouve derrière la colline de Vallauris, dont nous venons de parler, on trouve un charmant village arrosé par des sources nombreuses qui portent partout la fertilité, ce qui lui avait fait donner par les anciens le gracieux nom de *Vallis Aurea* (vallée d'Or).

On ne peut faire un pas dans nos campagnes sans rencontrer un souvenir ancien, une ruine plus ou moins détruite que le lierre a envahie, et qui fournissent aux artistes qui nous visitent le sujet de mille gracieux paysages; mais une des promenades dont je me rappelle toujours avec plaisir, c'est l'excursion que nous fîmes à Vallauris dans des circonstances exceptionnelles.

Nous avions reçu de M. Bœuf, secrétaire de la mairie de

Vallauris, une invitation qui devait piquer singulièrement notre curiosité : il s'agissait de déchiffrer des inscriptions antiques et de découvrir peut-être les ruines de l'ancienne Ægitna des Oxibiens. En fallait-il davantage pour secouer notre paresse et nous faire quitter notre lit avant le jour ?

A quatre heures, nous étions donc déjà en marche, gravissant le chemin pittoresque qui va de Cannes à Vallauris, où nous étions rendus une heure après; Bareste, chargé de son album, moi, affaissé sous le poids d'un vieux bouquin contenant les divers itinéraires romains, afin de mesurer les distances sur les lieux mêmes.

Notre guide ne comptait probablement pas sur un pareil empressement de notre part, et nous nous vîmes obligés de nous confondre en excuses pour l'avoir arraché d'aussi bonne heure au sommeil.

« Nous allons donc partir, nous dit notre obligeant cicérone, pour le plateau des Incourdoules, qui sera le but principal de notre promenade ; il se trouve placé à l'est du village, à une demi-heure de marche à peu près. »

Nous commençâmes donc notre ascension en causant des curiosités qui nous attendaient sur la montagne que nous avions en face, et en suivant un sentier assez raide, assez pierreux, le long duquel nous eûmes à admirer plusieurs points de vue remarquables.

La discussion abrége les distances, aussi notre excellent compagnon de route ne négligea-t-il rien pour l'alimenter ; nous étions arrivés en face de trois magnifiques pins d'Alep, plantés en triangle, et à si peu de distance l'un de l'autre, qu'ils confondent leurs têtes majestueuses dans un même massif de verdure. — « Pourriez-vous me dire, messieurs, quel est le plus fort de ces trois jumeaux ? » nous dit notre interlocuteur. Nous en fîmes plusieurs fois le tour, et, chose singulière, leur volume augmentait ou diminuait à mesure que nous changions de position. Enfin, Bareste fit son choix ; c'était une raison pour que je ne fusse pas de son avis. Je fis le mien, et je dois dire, pour rendre hommage à la vérité, que ce fut au hasard. C'est probablement à cela que je dus de deviner juste ; car il faut dire qu'ils ne diffèrent entre eux que de quelques centimètres.

A quelques pas de là, nous commençâmes à marcher au milieu de briques romaines, que nous trouvions éparses çà et là, confondues au milieu de pierres avec d'autres débris de poterie ancienne, qui nous indiquaient l'approche d'un ancien poste romain.

« Nous voici arrivés au trou de la Cabro d'or, » nous dit notre cicérone ; le mot *Cabro*, en provençal, signifie Chèvre. Une légende fort ancienne dans le pays raconte qu'il y avait en cet endroit une chèvre aux cornes d'or ; d'après la même légende tous ceux qui l'avaient aperçue avaient voulu la poursuivre dans sa sombre retraite, et jamais ils n'avaient revu le jour.

Nous fûmes plus heureux que nos devanciers, nous ne rencontrâmes pas de chèvre aux cornes d'or, car nous aurions pu être tentés de la suivre et subir le même sort que tant d'autres téméraires; nous fûmes entraînés pourtant à mettre la tête à l'ouverture de l'abîme, et nous pûmes apercevoir, malgré l'obscurité, la disposition de l'intérieur. Cette ouverture est composée de corridors qui s'entre-croisent et paraissent s'enfoncer sous la montagne; nous terminâmes là notre excursion, nous promettant une autre fois de nous munir d'une corde pour descendre dans cet antre redouté, afin d'en visiter tous les recoins.

On trouve sur la montagne, au nord de Saint-Vallier, une vieille fortification portant également le nom de Cabro d'or. Par sa position, elle devait correspondre avec le plateau sur lequel nous nous trouvions.

Les restes des anciens camps gaulois, situés dans le voisinage de ce point culminant, font supposer qu'il servait de vigie pour donner l'alarme aux populations gauloises des montagnes, lorsque les tribus du littoral de la Ligurie étaient menacées d'un danger imprévu.

Au milieu de ces réflexions, nous reprîmes le sentier que nous avions un instant quitté pour arriver au sommet des Incourdoules; nous l'atteignîmes quelques instants après.

C'est un large plateau d'où la vue s'étend très-loin. Du côté de l'est, on aperçoit les chaînes majestueuses des Alpes maritimes; au midi, la pleine mer et le fond du golfe Jouan, qu'on parcourt de l'œil dans tous ses magnifiques détails. Cette montagne domine l'emplacement de l'ancienne voie Aurélienne, elle passait à ses pieds et devait longer la côte jusqu'à Cannes. Une inscription entièrement conservée remontant à Tibère prouve cette assertion d'une manière invincible, nous la donnerons tout à l'heure *in extenso.*

Nous nous trouvions donc sur cet admirable belvédère, agités par une émotion intérieure; nous gardions le silence en remarquant le chaos qui nous entourait; il nous était difficile de nous rendre compte de cet amas considérable de pierres superposées, qui semblent appartenir à un système de fortifications grossièrement improvisées; serions-nous au milieu des restes d'un camp gaulois? La montagne des Incourdoules serait-elle une de celles où les Oxibiens s'étaient rassemblés pour attendre l'arrivée des légions romaines avant la bataille d'Ægitna[1] et du haut de laquelle ils assistèrent à l'incendie de leur malheureuse capitale?

On aperçoit de là dans la plaine une vieille ruine que les siècles ont respectée, auprès de laquelle passait la voie Aurélienne, dont on a retrouvé dernièrement une partie encore pavée. C'est non loin de ces vieux murs qu'on a découvert la pierre dont nous avons parlé plus haut, et sur laquelle on lit en lettres romaines : Tibère César, divin Auguste, fils d'Auguste, grand pontife, dans la trente-deuxième année de sa puissance tribunitienne fit réparer la route. Des bornes d'amarres trouvées dans le sol, le nom de golfe Pourri que porte l'endroit, une colonne ayant pour inscription : Constantin, empereur, père de la patrie, qu'on a renfermée dans l'église de Vallauris, tout fait supposer que

---

[1] Polyb., *Excerpt. legat.*, c. xxxiv.

des fouilles faites en cet endroit feraient peut-être découvrir l'emplacement d'Ægitna, où abordèrent les galères de Flaminius et dont la position est encore un mystère.

C'est au milieu de ces réflexions que nous parcourions le plateau des Incourdoules, cherchant l'étymologie de ce mot, qui ne dérive pas du provençal et que nous ne pouvions décomposer en aucune langue. Nous arrivâmes quelques instants après, en suivant un sentier assez raide, sur le versant sud-est de la montagne, à l'endroit le plus intéressant : ici des fûts de colonne, grossièrement taillés ; là des pierres de revêtement ; plus loin des corniches renversées, de vastes dalles à demi enfoncées ayant servi d'autel, d'autres pierres paraissant appartenir à des socles de colonnes ; puis enfin trois pierres tumulaires sur lesquelles nous lûmes avec peine les inscriptions suivantes :

<pre>
    ERNAEM MVLTI   LIVS PATER
    IVM NA ET SI   BI POSTERIS
           VIVIFE   ERVNT.
</pre>

Nous avouons que, malgré tout le soin que nous avons mis à reconstruire ces inscriptions, nous n'avons pu y réussir, tant elles sont en mauvais état ; nous réservons ce soin à des antiquaires plus habiles. Ces deux fragments de pierre sont à une distance de 50 mètres environ l'un de l'autre ; mais leurs cassures, et certains mots qui se complètent, nous font penser qu'elles faisaient partie de la même inscription ;

elles devaient orner un tombeau de famille, élevé du vivant de certains membres.

Nous rencontrâmes non loin de là une autre pierre également brisée portant l'inscription suivante :

BALBIA ET
LVCILIA.

Lucilia ! nous étions donc en face du tombeau d'une femme, peut-être d'une jeune et belle vierge romaine, qui dormait encore dans son cercueil de pierre après bien des siècles, et dont personne n'avait encore troublé la solitude. Nous prononcions souvent son nom comme si nous évoquions les mânes de la jeune fille, qui seule aurait pu nous expliquer le mystère qui nous entourait.

Il y a eu ici, nous disions-nous ! un grand deuil, peut-être une illustre douleur, car nous remarquions sur ces pierres des M isolées qui peuvent bien signifier Maximus, et ces grandes dalles éparses, ces corniches, ces fûts de colonnes renversés ne pourraient-ils pas appartenir à un mausolée grandiose qui a subi la loi du temps ! Mais, hélas ? le langage des ruines parle surtout à l'imagination, qui la traduit souvent d'une manière inexacte.

Toutes ces réflexions nous amenèrent naturellement à chercher l'étymologie du mot Incourdoule. Mais *cordolium*, me dis-je, signifie en latin deuil, pleurs, chagrin, et, en italien, *cordoglio* signifie également deuil, peine ; nous étions donc dans le champ des pleurs ou du deuil, nous foulions donc des tombes romaines que des fouilles intelligentes mettraient peut-être à découvert, et, ainsi qu'il arrive souvent, les morts instruiraient alors les vivants : ils nous diraient peut-être que ce mont fut occupé d'abord par les Gaulois, qui le défendirent vaillamment contre les légions du consul Opimius, dirigées par le sénat romain contre les Oxibiens, pour venger l'insulte faite à leur ambassadeur Flaminius ; que le consul vainqueur à la bataille d'Ægitna refoula les Oxibiens vers l'intérieur de la Ligurie, laissa des troupes en quartier d'hiver dans les villes principales et occupa les meilleurs postes militaires, tel que le plateau que nous foulions, enlevant ainsi aux Oxibiens et aux Décéates, avec leurs armes et leur liberté, tout ce qu'ils ne pouvaient plus défendre[1].

Et nous nous expliquerions ainsi ces amas pierres immenses qui ont dû précéder ces briques romaines, ces colonnes renversées et ces tombeaux détruits.

Nous redescendîmes la colline des Incourdoules, en nous communiquant les impressions que nous avions reçues des divers objets que nous foulions sous nos pas.

De retour à Vallauris, notre obligeant cicérone nous conduisit en face de l'inscription romaine dont nous avons déjà parlé : c'est une pierre parfaitement conservée ; l'administration du lieu l'a mise à l'abri de tout vandalisme en la faisant bâtir contre le mur d'une maison qui forme le coin de la

---

[1] Florus, l. III, c. ii.

place, à l'ouverture du chemin qui descend au golfe Jouan. Elle est ainsi conçue :

TIB. CAESAR
DIVI AVG. F. AVG.
PONTI : MAXIM
TRI. POTE. XXXII
VIAM REFECI

C'est-à-dire : Tibère César, divin Auguste, fils d'Auguste, grand pontife, la trente-deuxième année de sa puissance tribunitienne fit réparer la voie.

Cette inscription jeta dans notre esprit un dernier trait de lumière sur une question encore irrésolue. En effet, cette pierre a été trouvée au golfe Jouan, non loin du quartier appelé golfe Pourri, au milieu des ruines romaines. La voie Aurélienne passait donc par là, et cette voie fut réparée par Tibère la trente-deuxième année de sa puissance tribunitienne.

La borne milliaire que nous avons rencontrée, couchée dans un ravin, sur la voie Aurélienne, entre la Sainte-Baume et Agay, n'aurait-elle pas la même origine, et ne fut-elle pas placée là par Tibère dans la vingt-neuvième année de sa puissance tribunitienne? Elle porte

TRIBVNICIA
PoTesTaTe $\overline{xx}$
VIIII.

Le trait que l'on remarque au-dessus des XX ne serait-il pas un renvoi au chiffre VIIII inférieurement placé, et ne désignerait-il pas la vingt-neuvième année de la puissance tribunitienne de Tibère?

Bouche, t. I, p. 254, cite également une inscription trouvée dans la rivière d'Argens, sur une borne milliaire qui portait :

TRIB. POT. XXXIII

On peut assigner, je crois, la même origine à cette inscription, qui dut être placée la dernière année de la puissance tribunitienne de Tibère, avec d'autant plus de raison, que ce prince, d'après Suétone, racheta de grands vices en protégeant la littérature et les arts et en faisant exécuter des travaux utiles.

Je livre à l'appréciation des savants les observations que je me permets de faire ici.

La seigneurie de Vallauris faisait partie des vastes domaines de Rodoard Ier, auquel Guillaume II, comte d'Arles et de Provence, donna la moitié du diocèse d'Antibes. Le cartulaire de l'abbaye de Lérins fait mention de cette donation et qualifie ce Rodoard du titre de prince d'Antibes (*Rodoardus, princeps Antipolitanus, a domino Guillelmo secundo, comite Arelatensi creatus*, etc., etc.). Les petits-fils de Rodoard, Guillaume et Édelbert, donnèrent au monastère de Lérins toutes les terres de Vallauris, de Mougins, d'Arluc, le port de Cannes et une partie de la seigneurie de Sartoux. La communauté de Lérins s'enrichit ainsi des dons de cette puissante famille, qui fournit par la suite plusieurs abbés à cette communauté.

En 1244, l'évêché d'Antibes fut transféré à Grasse (*propter insalubritatem acris et incursus piratorum*), porte la bulle d'Innocent IV). Dès cette époque, cette famille prit le nom de Grasse, et forma la souche de la puissante maison de Grasse-Bar, alliée avec les familles les plus qualifiées de la Provence et du royaume, telles que les Foix, les Grimaldi, les Brancas, les Villeneuve, les d'Oraison, etc.

Ce village ne prospère pas seulement par la richesse de son terroir, il fleurit aussi par son industrie et ses nombreuses fabriques de poterie de terre, qui sont transportées par nos navires dans toutes les parties du monde.

ANTIBES.

Cette ville a éprouvé le sort de tant d'autres cités; elle a vu disparaître sous le souffle brûlant des invasions barbares ses aqueducs, ses thermes, ses théâtres, et jusqu'aux derniers vestiges de sa splendeur passée.

Cependant les Grecs, et après eux les Romains, en avaient fait une ville florissante et l'avaient élevée au rang des municipes. Tout a disparu, et sans les vieilles tours d'origine ancienne, dont l'une sert de clocher, et quelques inscriptions qu'on a conservées, on serait à se demander s'il est bien vrai que là furent les murs d'Antipolis, fille de Massalie.

Ajoutons pourtant que, grâce à l'intelligente activité

d'un homme de bien, Antibes a pu rentrer en possession d'un des aqueducs dont Jules César l'avait dotée. Ce canal alimente aujourd'hui toutes les fontaines de la ville.

On rencontre sur la route de Vallauris à Grasse les restes d'un autre aqueduc romain connu dans le pays sous le nom de pont de Vallauris. Ce travail avait été exécuté par les Romains pour conduire à Antipolis les eaux de la source de la Bouillide, destinées à alimenter les bains publics.

Une inscription romaine, placée non loin de l'hôtel de ville, rappelle l'admiration des Romains pour un jeune enfant nommé Septentrio, âgé de douze ans, qui, ayant dansé pendant deux jours sur le théâtre de cette ville, mourut à la suite de cet exercice violent.

La route entre Cannes et Antibes est la promenade favorite des étrangers qui viennent passer l'hiver au milieu de nous. C'est, à proprement parler, le commencement de la Corniche, car on ne cesse pas de côtoyer la mer, et on peut dire que c'est plutôt une ravissante promenade qu'une route ordinaire. On suit les sinuosités du magnifique golfe Jouan, qui se déroule avec sa ceinture majestueuse des Alpes maritimes et ses souvenirs historiques du 1er mars 1815.

Les environs d'Antibes sont fort pittoresques; son joli cap tout parsemé de bastides blanches, son phare, son charmant ermitage de Notre-Dame, sa brèche osseuse, les magnifiques rivages du Puits-Aymond, sont tout autant de sites à visiter, qui font le sujet d'une agréable promenade de quelques heures.

MOUANS-SARTOUX.

Ce charmant village est situé à huit kilomètres environ de Cannes, au milieu d'une campagne fertile; il faisait partie des riches domaines de la famille de Grasse. Pompée de Grasse, baron de Mouans, l'un des plus zélés partisans de Henri III, y fut assassiné par les ligueurs en 1588. Le dernier propriétaire de cette baronnie fut Rosoline de Grasse-Bar, baronne de Mouans, qui la possédait en 1767.

La seigneurie de Sartoux, distincte de celle de Mouans, fut acquise par Christofle de Durand; il en fit hommage au roi René de Sicile, comte de Provence, l'an 1473. La même famille est devenue propriétaire, en 1767, d'une partie de la baronnie de Mouans, et particulièrement du château, qu'elle a fait réparer, et qui est habité aujourd'hui par l'un des membres de cette famille, M. François de Durand-Sartoux.

Ce vieux monument féodal a dû présenter des moyens de défense dans les siècles passés.

En 1592, le duc de Savoie, forcé de quitter la Provence, passa par Grasse, et descendit jusqu'à Mouans, pour châtier les habitants des preuves d'attachement que leur malheureux seigneur avait données au roi.

Le village n'avait pour toute défense que le courage héroïque de Suzanne de Villeneuve, veuve de Pompée de Grasse, qui pendant plusieurs jours soutint un siége opiniâtre contre les forces du duc de Savoie. Enfin, vaincue par le nombre, elle ne se rendit qu'à la condition que le château et le village seraient respectés.

Le duc viola sa parole et fit raser le château. La baronne, outrée d'une pareille conduite, s'en plaignit vivement au duc, qui lui promit quatre mille écus pour l'indemniser des pertes qu'elle avait essuyées; mais, dans la nuit, le duc de Savoie leva le camp et se dirigea vers ses États. La courageuse Suzanne, indignée de ce nouveau manque de foi, se précipita sur les pas de son ennemi, qu'elle atteignit dans les plaines de Cagnes, et, quoiqu'il fût au milieu de ses soldats, saisissant la bride de son cheval, elle força ce prince, par l'énergie de ses remontrances, à tenir sur-le-champ sa promesse.

Sur une hauteur à l'est du village de Mouans, on remarque un monticule couvert de verdure, d'où s'élève une tour qui domine tout le paysage environnant, c'est le Castelaras, charmante villa appartenant à M. Charpin. On y jouit d'un point de vue ravissant. L'ancien propriétaire, M. Artaud, avait fait de ce lieu une charmante demeure entourée de fleurs et de hautes futaies, percée de labyrinthes dans tous les sens, où on trouve de délicieuses allées impénétrables aux rayons du soleil.

Cette position a dû servir primitivement à un camp retranché gaulois qui correspondait avec la montagne des Incourdoules, située à l'est de Vallauris, au-dessus du golfe

Juan, dont nous avons déjà parlé. Elle était probablement destinée à transmettre les signaux aux populations liguriennes, dès qu'un besoin de défense les obligeait à se renfermer dans les castelaras qu'on rencontre dans toute la partie nord de l'arrondissement.

Les Romains avaient remarqué cette position privilégiée, une famille romaine avait dû y élever une élégante villa dont les ruines ont disparu sous les édifices modernes.

En 1817, on y découvrit une pierre tumulaire portant une inscription qui paraît dater du troisième ou du quatrième siècle. C'était un tombeau élevé par une nommée Raielia Secundina, à la mémoire de son fils unique Quintus Luccunius Verus, mort à trente ans, et qui aima tendrement sa mère. Voici cette inscription :

     A. D. M.
RESPICE, PRÆTERIENS, ORO, TITVLVM, Q
DOLEBIS, QVM, PRÆMATVRE, NIMIOVM
SIM MORTIS ADEPTVS. TRIGINTA, AN
NORVM, RAPTA, EST MIHI LVX GRATISSI
MA VITÆ : ET DE GENTE MEA SOLVS SINE
PARVOLO VIXI QVEM MATER MISERVM,
FLEVIT, QVOD PIETATIS HONORE RELICTA
EST Q. LVCCVNIO VERO
RAIELIA SEGVNDINA MATER
FILIO PIISSIMO FECIT.

Traduction ?

« Regarde, ô passant! ce monument, et tu verseras des larmes. Ma mort a été prématurée : je n'avais que trente ans lorsque mes yeux se sont fermés à la lumière.

« Seul rejeton de ma famille, j'ai vécu sans avoir d'enfant.

« Ma mère a pleuré mon malheur et le sien, étant abandonnée et privée des témoignages de tendresse que je lui donnais.

« A Quinto Luccunius Verus :

« Raielia Secundina, sa mère, a érigé ce monument pour perpétuer le souvenir du respect et de l'amour que ce cher fils avait pour elle. »

SAINT-DONAT.

A quelque distance du joli village de Mouans, dont nous venons d'entretenir le lecteur, on remarque, à gauche de la route qui va à Grasse, les clochetons aigus d'une chapelle gothique dont les vitraux peints resplendissent au soleil et attirent les yeux du voyageur. Cette construction n'a de vieux que le style, car c'est la récente création d'un homme de goût qui a voulu orner le paysage autour de son domaine et donner asile aux restes mortels d'une mère regrettée.

Cette chapelle a été placée sous l'invocation de saint Donat, patron du propriétaire ; il célèbre chaque année l'anniversaire de sa fête en donnant à ses amis l'hospitalité la plus cordiale et la mieux entendue.

M. Méro a su rassembler sur son domaine l'agréable et l'utile : à côté de ces mille riens destinés à embellir la solitude, il a créé une importante fabrique de parfumerie, qu'on visite avec intérêt et où l'habile industriel dépense sa prodigieuse activité.

Personne ne reçoit mieux que notre honorable compatriote les étrangers qui vont le visiter ; il semble se complaire à initier le visiteur aux mille secrets de l'art de la parfumerie, auquel il a su appliquer ses connaissances chimiques, qui ont fait faire un pas immense à cette industrie naguère encore en enfance.

Aux personnes dont la santé ne permettrait pas d'entreprendre une si longue promenade, et qui seraient pourtant désireuses de visiter l'un de ces établissements modèles, nous leur conseillons la magnifique parfumerie de M. Herman, située à l'entrée de la ville, route d'Antibes, qui est certainement tout ce qu'on peut voir de plus parfait dans ce genre, et où la plus gracieuse réception est faite aux étrangers.

GRASSE.

La ville de Grasse a été bâtie sur un emplacement que les Romains avaient remarqué autour de la magnifique source qui alimente l'activité de ses nombreuses industries. D'après certains auteurs, lorsque Marius fut envoyé en Provence par le sénat romain pour arrêter les Kimris-Teutons marchant sur Rome, ce général établit à Grasse des greniers pour utiliser les produits du nord de la Ligurie au ravitaillement de ses armées; on prétend même que la vieille tour qui avoisine l'hôtel de ville n'est qu'un reste des édifices bâtis à cet usage et destiné à en défendre l'approche.

La chapelle de Saint-Hilaire, située au quartier de ce nom, serait également regardée comme un ancien temple romain dédié à Jupiter Ammon.

Au moyen âge, cette ville a renfermé une noblesse puissante, alliée aux premières familles du royaume; nous avons eu occasion d'en citer quelques-unes dans le courant de cet ouvrage, nous n'y reviendrons pas.

Les étrangers qui viennent passer la saison d'hiver à Cannes n'oublient pas de faire leur pèlerinage à Grasse avant leur départ. Cette ville a acquis, par la quantité de parfumeries qu'elle exporte, une réputation universelle; chacun veut emporter un souvenir de cette reine des parfums.

Le paysage au milieu duquel les anciens jetèrent les fondations de cette opulente cité mérite d'être visité : plus d'un artiste y saura enrichir son album d'une foule de points de vue remarquables. Indépendamment des produits de la nature, les admirateurs des arts trouveront dans l'église de l'hospice de cette ville trois tableaux d'une grande valeur artistique : 1° Sainte Hélène à l'exaltation de la croix ; 2° le Crucifiement de Notre-Seigneur; 3° le Couronnement d'épines. Ces trois chefs-d'œuvre appartiennent au pinceau de Rubens; ils ont été achetés aux religieux de l'église Sainte-Croix de Jérusalem, dont Rubens avait décoré le maître-autel; l'acquisition en fut faite sur une autorisation spéciale du pape, qui en consacre l'authenticité, et le produit fut employé par les religieux à la restauration de leur église.

Florent Lecomte, dans son ouvrage, Philipotiti, et en général tous les ouvrages qui traitent de l'art, ont donné la description de ces chefs-d'œuvre, et s'accordent à constater qu'ils ont été exécutés par P. P. Rubens pour l'église de Sainte-Croix de Jérusalem à Rome. On remarque dans la même église une Assomption de la Vierge peinte par Subleyra, et un tableau représentant le jugement dernier d'après l'Apocalypse, par M. Gué, dont le gouvernement a fait don à la ville.

Les employés de l'hospice sont chargés de montrer ces toiles aux amateurs, moyennant une rétribution volontaire au profit des pauvres.

On peut encore visiter à Grasse, patrie de Fragonard, plusieurs toiles de cet habile maître représentant la jeunesse de Louis XIV. Ces tableaux étaient destinés à décorer le boudoir d'une célèbre courtisane. Ils ornent aujourd'hui le salon de M. Malvilan, parent de Fragonard; les soins du propriétaire ont pu conserver à ces objets de prix leur fraîcheur primitive.

M. Malvilan se plaît à montrer aux artistes et aux amateurs ces précieux trésors avec la plus rare bienveillance.

SAINT-VALLIER.

La route qui serpente sur les flancs de la montagne qui se trouve au nord de Grasse est encore un de ces ravissants belvédères où il faut monter, ne serait-ce que pour visiter le plateau où l'illustre fugitif de l'île d'Elbe posa un moment sa tente et conçut cette route grandiose et utile qui n'a été exécutée que longtemps après. Mais, si on a la force et le courage d'aller, soit à pied, soit en voiture, jusqu'au petit village de Saint-Vallier, à deux lieues de Grasse, on arrive par cette belle route à une grande élévation d'où l'œil embrasse l'un des plus riches panoramas que l'imagination puisse rêver.

Ceux qui, par amour de la science ou par curiosité, pousseront jusque-là leur promenade, verront chez certaines personnes instruites du pays des médailles romaines, des lacrymatoires, et une foule d'objets trouvés sur les lieux mêmes au milieu des ruines et des tombeaux romains qui attestent le passage du grand peuple.

Avant l'invasion romaine, Saint-Vallier fut occupé par une puissante tribu gauloise. Les restes de cinq camps retranchés, formés de pierres sans ciment et parfaitement conservés, attestent l'existence sur ces lieux du peuple qui avait l'habitude d'élever ces fortifications. On a même trouvé à diverses époques, dans le territoire de cette commune, des haches en pierre dure ou tabotas. Ces objets prouveraient que plusieurs combats ont dû y être livrés à une époque très-reculée, avant l'invention des armes en fer.

Le druidisme avait cherché derrière ces montagnes, peu accessibles et assez éloignées des côtes, un refuge contre la persécution romaine. On a découvert sur plusieurs points, outre les fortifications dont nous avons déjà parlé, des restes de monuments appropriés au culte gaulois, et entre autres un énorme dolmen sous lequel étaient enfouis une hache en cuivre, un stylet et des débris d'autres instruments en fer, que la rouille avait en partie dévorés et qui paraissaient avoir une origine très-éloignée.

Il nous reste à indiquer une des curiosités les plus remarquables des environs, située à une heure et demie de Saint-Vallier. Je veux parler du *Pont-à-Dieu*. C'est une immense roche qui forme un pont naturel sur la rivière la Siagne, à plus de cinquante mètres de hauteur. Ce site de roches gigantesques aux formes sévères, cette variété de verdure et de couleur, ces cascades au milieu de ces grands mouvements de terrains, offrent à l'œil une richesse de ligne, une profusion de détails dignes du pinceau des plus grands maîtres.

Nous avons visité ces lieux que la nature a si prodigieusement embellis; le chemin qui y conduit de Saint-Vallier est un peu difficile, bien qu'on puisse le parcourir en voiture ou à cheval sur sa plus grande longueur : mais nous en fûmes amplement dédommagés par le plus magnifique des spectacles.

Nous arrivâmes sur les lieux à deux heures et demie. La

première curiosité à visiter se compose de plusieurs vastes cellules que la nature a taillées dans le tuf ; on les désigne, dans le pays, sous le nom de *chapelles* ; au-dessous de ces cavités, la rivière se précipite avec bruit sur un lit de roches à travers une arche naturelle, qui doit avoir environ quinze mètres de hauteur. Nous descendîmes par un sentier tortueux jusqu'au niveau des eaux. Le soleil, en éclairant un roc gigantesque, en forme d'obélisque, placé du côté opposé du pont, nous renvoyait un flot de lumière qui éclairait toute la voûte de l'arche ; plusieurs arbres croissent sur le penchant de cet abîme, et forment une voûte de verdure qui se confond gracieusement avec ce dôme de pierre rempli de stalactites aux formes bizarres.

Au sortir du pont, la rivière se précipite par une faible chute, en produisant des flots d'écume qui ajoutent encore à la beauté du tableau.

L'épaisseur de la voûte qui forme l'arche de ce pont grandiose est d'environ trente mètres : c'est dans cette épaisseur qu'est taillée la chapelle naturelle dont nous avons déjà parlé. Au-dessous de la voûte du pont, nous remarquâmes un trou ovale, et au-dessous deux traverses en bois ; notre guide nous raconta que ces traverses avaient été placées par des personnes de Mons, petit village voisin. Ces hardis spéculateurs viennent enlever toutes les années le miel que les abeilles ont l'habitude de déposer dans cette excavation ; on se demande s'il est bien possible de pousser si loin l'abnégation de la vie et l'amour du gain.

On nomme cette curiosité naturelle le *Pont-à-Dieu :* il n'y a guère, en effet, que Dieu qui puisse créer de pareils ouvrages, non-seulement par les difficultés que l'homme ne pourrait vaincre, mais par les beautés naturelles dont il a enrichi ces lieux.

Nous trouvâmes à Saint-Vallier, à l'hôtel Merle, une excellente hospitalité, et surtout un guide fort intelligent dans Pierre Laugier, qui nous fit parcourir tout ce que le territoire environnant pouvait offrir de curieux à visiter.

Dans la même soirée, nous nous dirigeâmes vers Saint-Césaire, autre colonie romaine. Le long de la route, nous eûmes occasion de visiter un castelaras, ancienne fortification gauloise, connue dans le pays sous le nom de *Casteou-Vasou;* à quelques kilomètres plus bas, sur un plateau qui domine toute la partie méridionale de l'arrondissement de Grasse, nous rencontrâmes encore une fortification de ce genre; elle est située sur la montagne de Mauvans; nous remarquâmes que toutes ces positions devaient correspondre entre elles, par des signaux, jusqu'à la mer, en passant par le castelaras, situé sur un plateau, à l'est du village de Mouans, dans l'ancienne propriété Artaud. Cette élévation devait correspondre elle-même avec un autre retranchement de ce genre, dont on voit encore des vestiges sur la colline de Vallauris, à l'est de Cannes, et de là à la montagne des Incourdoules, dont nous avons déjà parlé à l'article *Vallauris;* elle est placée à l'est de ce village et domine le golfe Juan, où fut probablement Ægitna, capitale des Oxibiens.

Au milieu de ces retranchements et de ces ruines, nous croyons entendre la grande voix de Teutomal excitant les tribus liguriennes des montagnes à la lutte contre Rome conquérante, et nous plaignions ce fier guerrier, dont la parole énergique expira dans les forêts de notre patrie, et frappa vainement l'écho des montagnes où les populations tremblantes s'étaient réfugiées, fuyant devant les légions romaines conduites par Fulvius Flacus et Sextius Calvinus.

Nous arrivâmes à Saint-Césaire à six heures du soir, où nous prîmes gîte à l'hôtel Raybaud, de chétive apparence, mais où nous trouvâmes pourtant un bon souper et un lit excellent.

Le lendemain, à la pointe du jour, nous partîmes pour visiter la source de Saint-Césaire et les sites sauvages dont elle est entourée. Chemin faisant, nous rencontrâmes les ruines d'un ancien château-fort bâti sur un rocher inaccessible : ce lieu porte le nom de *Saint-Féréol*. Nous arrivâmes à la porte principale de la forteresse après une ascension assez pénible à travers des blocs de rochers que le temps a détachés de la montagne et qui en rendent l'accès très-difficile; nous reconnûmes, à l'assise des pierres et au style des ouvertures, le cachet d'une ruine romaine de la même époque que les diverses tours qui subsistent encore à Fréjus. Au-dessous du rocher, nous remarquâmes des décombres paraissant avoir la même origine et qui devaient faire partie du même domaine.

Notre obligeant hôtelier nous fit servir à déjeuner sous

la voûte de cette grotte pittoresque appelée la *Foux*, d'où s'échappe à grands flots une eau limpide et fraîche comme la glace ; la truite pêchée dans ces eaux vives est délicieuse, et ce fut le plat fondamental de notre déjeuner.

En quittant la table, nous nous dirigeâmes vers la grotte de Mons : cette curiosité aura bientôt une réputation européenne ; elle est distante de celle de Saint-Césaire de deux kilomètres environ. Ici un magnifique spectacle nous était encore réservé : ces voûtes immenses, ces stalactites gigantesques, échappent à l'œil du visiteur à cause de leur dimension et du peu d'intensité de la lumière des flambeaux dont on se sert communément ; nous nous étions munis de feux du Bengale de toutes les couleurs, que nous allumâmes successivement dans les diverses salles de cet immense labyrinthe. Rien ne saurait rendre l'effet magique de ces gracieuses décorations naturelles, éclairées par ces lueurs fantastiques qui nous permettaient d'apercevoir jusqu'aux moindres détails de cette architecture bizarre.

Il fallut tout l'intérêt que nous inspiraient les ruines romaines qui nous restaient à visiter pour nous arracher à cette représentation féerique. Nous sortîmes de la grotte à deux heures de l'après-midi, et nous nous dirigeâmes, à dos de mulet, vers la prise d'eau de l'ancien acqueduc romain qui portait à Fréjus les eaux de la Siagnole. Nous étions rendus à quatre heures au pied de la montagne abrupte d'où s'échappe la Siagnole, et sur laquelle est situé le village de Mons : la vallée que nous parcourions est à la fois riante et sauvage. Toutes les parties arrosables sont couvertes d'une végétation abondante, tandis que les pentes rapides qui encaissent la vallée sont dépourvues de toute végétation, et contrastent avec la richesse des couleurs qui ornent les bords de la rivière.

Les Romains avaient arrêté les eaux tout à fait à leur source par un barrage construit avec d'énormes blocs, la violence des eaux a entraîné plus bas cette puissante digue. Le canal, qui existe encore presque en totalité, suivait d'abord la rive gauche de la Siagnole pour passer plus bas sur la rive droite par un aqueduc dont on voit encore les ruines près d'un vieux moulin; il traversait ainsi une partie du domaine de Beauregard, pour arriver à une lieue environ de sa source à l'aqueduc de Roquo-Taillado ; nous fîmes ce trajet à pied pour visiter cette autre curiosité, et nous admirâmes longtemps ce merveilleux travail du grand peuple qui ne recula devant aucune difficulté de la nature, avec des ressources bien moins étendues que celles dont nous pouvons disposer aujourd'hui.

Nous reconnûmes deux canaux taillés dans le roc à une égale profondeur: l'un qui fut abandonné à cause de l'éboulement d'une partie de la montagne qui entraîna l'un des côtés de ce travail dans un précipice sans fond; l'autre, parfaitement intact, taillé au ciseau en arête de poisson dans la roche calcaire. Ce travail a une longueur de 50 mètres environ sur une largeur de 8 mètres et une hauteur de 25. A l'aide de bougies dont nous étions munis, nous pûmes visiter l'intérieur du canal; il était voûté dans toute sa longueur et doit être encore en grande partie conservé, tant il a été construit avec solidité, le ciment dont les parois intérieures sont revêtues est excessivement lisse, et d'une dureté telle, que nous eûmes beaucoup de peine à en détacher quelques fragments à l'aide d'un marteau de minéralogiste.

Il fallut terminer là notre excursion. Après une journée si largement remplie, nous reprîmes la route de Saint-Césaire, où nous arrivâmes à huit heures du soir. Le lendemain, nous parcourions les diverses antiquités que ce pays renferme, l'une d'elles nous a paru digne d'intérêt. C'est le tombeau qui se trouve au puits du plan et qui sert aujourd'hui d'abreuvoir aux bestiaux.

Cette pièce, dont nous donnons plus bas le dessin, aurait pu enrichir un musée, et nous sommes très-étonné de la rencontrer exposée au vandalisme des gens de la campagne qui n'en comprennent pas la valeur.

Ce tombeau ou sarcophage a contenu les restes d'un des membres de la puissante famille Sempronia, mort à l'âge de dix-huit ans, ainsi que l'atteste l'inscription que nous avons en partie déchiffrée; il est creusé dans une pierre calcaire susceptible d'un très-beau poli, et orné de sculptures qui lui donnent une certaine élégance. Le couvercle dont il était fermé a été transporté dans une ferme voisine, destiné peut-être à quelque usage immonde.

C'est ainsi que nous respectons la demeure des morts! Là

famille Sempronia avait entouré les restes aimés d'un fils enlevé prématurément à son amour de toutes les recherches du luxe de l'époque; un sarcophage soigneusement fermé, élégamment sculpté, devait préserver à jamais ces restes chéris de toute profanation, mais elle avait compté sans les siècles et sans les hommes, et ces dépouilles, entourées de tant de soins, de tant de regrets, sont aujourd'hui dispersées sans sépulture, et l'élégante enveloppe qui devait les protéger sert d'abreuvoir aux bêtes de somme.

Il nous semble pourtant qu'on pourrait donner à de pareils objets une destination plus conforme à la dignité d'un grand peuple qui marche à la tête de la civilisation.

Nous étions dans la même journée rendus à nos pénates, emportant chacun notre bagage d'impressions de voyage.

AURIBEAU.

Nous consacrerons encore quelques lignes au charmant village d'Auribeau, bien qu'il en soit fait mention dans le deuxième et le troisième chapitre de cet ouvrage. Nous ne pouvons résister au besoin de témoigner notre admiration pour les sites ravissants qui entourent cette charmante position. Nous engageons les amis du pittoresque à visiter les bords accidentés de la jolie rivière la Siagne, qui forment par la richesse de leur végétation un contraste grandiose avec les masses de montagnes sévères qui encaissent cette rivière. C'est d'ailleurs une très-agréable promenade de quelques heures en voiture.

AUTRES BUTS DE PROMENADES

DONT IL EST QUESTION DANS LES CHAPITRES PRÉCÉDENTS.

CHAPITRE DEUXIÈME.

La Napoule ; — Théoule ; — la voie Aurélienne ; — la baie d'Antea (la Figueireto) ; — Aurèle ou Aurélia ; — la Sainte-Baume ; — une borne milliaire ; — Aguay ; — la tour du Darmont, souvenir de la reine Jeanne ; — les carrières romaines de la vallée de Boulouris ; — le mont Saint-Cassien.

CHAPITRE TROISIÈME.

L'île Saint-Honorat ; — l'île Sainte-Marguerite ; — la Croisette.

CHAPITRE QUATRIÈME.

Le golfe Jouan ; — le château Éléonore-Louise ; — la villa Saint-Georges ; — la villa Victoria ; — le château Sainte-Ursule ; — la villa Alexandra ; — la villa Mont-Fleury ; — la villa de la comtesse d'Oxford ; — le château Sainte-Marguerite.

RENSEIGNEMENTS UTILES

AUX ÉTRANGERS

Les étrangers mènent à Cannes la vie de famille si utile à ceux qui souffrent, et qui ont besoin de profiter largement du bénéfice de notre excellent climat.

Les soirées et les bals intimes réunissent les personnes plus valides qui peuvent profiter de ces distractions.

D'élégants yachts promènent ceux que leurs goûts poussent aux excursions maritimes, et les sujets pour ces sortes de promenades ne manquent pas.

Les routes qui environnent notre pays sont tout autant de promenades agréables, sillonnées par de nombreux équipages, où les personnes que les expéditions trop aventureuses ne tentent pas trouvent une distraction salutaire.

Des cabinets de lecture sont ouverts à ceux qui trouvent un délassement dans la lecture et le travail de l'esprit.

Un cercle a été organisé par les principaux habitants du pays. Sa situation au centre du golfe le long duquel est bâtie la ville, les jolies promenades dont il est entouré, rendent sa position agréable et très-abritée.

L'intérieur est des mieux ordonnés, on y compte :

1° Un vaste salon de réception ou de conversation, destiné à faciliter les relations que l'étranger est bien aise de nouer avec les habitants du pays, qui se font un plaisir d'aller au-devant de ses désirs;

2° Une vaste salle de consommation où l'intimité devient plus expansive et où le service est fait avec le dernier soin;

3° Une salle de billard;

4° Une salle de lecture, placée dans un point assez reculé des autres pièces pour que le bruit ne puisse troubler en rien la tranquillité qu'on doit exiger en pareil lieu. Là ont été rassemblées toutes les publications politiques, littéraires et artistiques que le lecteur peut désirer.

Un balcon qui fait saillie à l'extérieur de l'édifice et d'où on jouit d'un point de vue ravissant, soit sur la mer, soit sur les environs, sert de promenoir et de tabagie.

Rien en un mot n'a été négligé pour rendre le séjour de notre petite ville agréable à l'étranger qui vient y passer la saison d'hiver.

Les malades trouveront dans la longue expérience de nos médecins, reçus dans les meilleures facultés françaises et étrangères, des guides instruits et capables de diriger leur traitement pendant leur séjour au milieu de notre climat.

Les pharmacies, abondamment pourvues de toutes les substances que la thérapeutique française et étrangère peut employer, dispensent le malade d'apporter avec lui une foule de médicaments qui se détériorent en route, et qui ne lui sont le plus souvent d'aucune utilité.

Les ressources abondent sur notre marché, les viandes y sont de bonne qualité, garanties par une surveillance active de la police locale. Le poisson y est abondant et très-varié. Les légumes de toute espèce nous arrivent en abondance, à cause du débouché facile que rencontrent nos maraîchers.

Des maisons recommandables de Paris ont fondé à Cannes des succursales, où l'étranger trouve tous les comestibles appropriés à ses goûts et à ses habitudes.

La vie animale y est à des conditions raisonnables.

Les eaux, dont nous avons fait une analyse rigoureuse, y sont peu abondantes, mais de bonne qualité.

Le forage d'un puits artésien en voie d'exécution nous fait espérer une prochaine solution à ce problème depuis longtemps à l'étude, et qui excite la sollicitude de notre administration éclairée.

Indépendamment des besoins matériels dont nous venons

de parler, et pour lesquels la nature a fait ce que l'homme est impuissant à créer, nous pouvons dire que les besoins de l'âme n'ont pas été négligés.

Nous avons à Cannes une vaste église paroissiale, située dans une position élevée sur une plate-forme d'où l'œil domine tout le pays environnant. Comme toutes les églises de nos contrées, elle avait été bâtie dans des siècles de barbarie, entourée de fortifications autour desquelles nos pères avaient groupé leurs demeures, comme pour les mettre sous la protection du ciel, et défendre la maison de Dieu des profanations impies des barbares.

Ce monument n'a rien en lui-même de remarquable comme luxe d'ornementation; mais il a son cachet, à cause de la sévérité même de sa construction, et de l'élévation hardie des pleins cintres qui en forment la voûte.

Un orgue excellent, sortant des fabriques d'un des premiers facteurs d'Italie, a été nouvellement placé dans son enceinte, et a trouvé un interprète habile dans la personne de notre organiste, M. Pensotti.

Les personnes pieuses qui, par raison de santé, ne pourraient se rendre à la paroisse, dont l'accès est un peu difficile, trouveront à la portée de leurs demeures des chapelles où le service religieux se fait tous les jours et à des heures convenables.

L'administration, pour répondre aux vœux des habitants et des étrangers, s'occupe sérieusement d'un projet tendant à l'édification d'une nouvelle église au centre du pays.

Les malades, qui ont besoin plus que tout autre des consolations de la religion, rencontreront, dans le zèle infatigable de notre digne curé et de ses vicaires, les conseils et les exhortations qui soulagent l'âme et font mieux supporter les douleurs.

Des sociétés bienfaisantes s'organisent journellement, et leur charité ingénieuse les conduit partout où il y a une misère à soulager, une peine à consoler, une douce espérance à donner.

FIN.

NOTICES MÉDICALES

NOTICE MÉDICALE

SUR

LE CLIMAT DE CANNES

PAR

LE DOCTEUR J. C. SÈVE, D. M. P.

MÉDECIN EN CHEF DE L'HOPITAL CIVIL ET MILITAIRE DE LA VILLE DE CANNES
DES ÉPIDÉMIES DE L'ARRONDISSEMENT
MEMBRE DE PLUSIEURS SOCIÉTÉS SAVANTES

Tota in observationibus.
BAGLIVI

I

Un fait irrévocablement acquis à la science, c'est l'immunité pathologique, la guérison ou l'amélioration d'un grand nombre de maladies que procure l'heureuse influence des climats doux et tempérés du Midi. — Depuis des siècles, les scrofuleux, les rhumatisants, les personnes d'une santé débile et délicate, les phthisiques, etc., viennent passer l'hiver dans ces belles contrées du Midi qui réunissent à une douce chaleur l'inappréciable avantage d'être peu sujettes aux variations brusques de température ; — les villes de Florence, Pise, Rome, Naples, l'île de Madère, Nice, et, en France, Hyères et Cannes, à des degrés divers, sont les lieux que préfèrent en général les émigrants des régions froides de l'Europe. Chacune de ces villes jouit d'une réputation méritée; des faits nombreux sont là pour l'attester. Ces lieux favorisés de la nature offrent des avantages qui leur sont communs ; mais il en est qui présentent des conditions climatériques qui leur sont propres, et j'ai plus particulièrement en vue de faire ressortir dans cette courte notice celles qui appartiennent au climat de Cannes.

La petite ville de Cannes, dont la population s'accroît tous les jours, tandis que ses environs s'ornent de charmants châteaux, se trouve admirablement située en plein midi, sur le bord de la mer, au fond d'un golfe des plus riants et des plus pittoresques. Son riche bassin, couvert d'une végétation luxuriante en toute saison, est entouré d'une double ceinture non interrompue de collines élevées et parfaitement boisées, qui lui servent de paravent naturel contre les vents impétueux qui font la désolation de tout le midi de la France et de la péninsule Italique. — Elle est abritée au nord par un rideau de verdoyantes collines, au pied desquelles s'étale, dans une position charmante, le village du Cannet, qui domine lui-même une délicieuse vallée ; et plus loin, au fond du tableau, par de hautes montagnes, dont les ondulations non interrompues vont se rallier aux Alpes. — A l'est, elle est séparée du golfe Jouan par les collines de Vallauris, qui se dirigent vers le sud, pour former, en se divisant, le promontoire de la Garoupe et, plus près de Cannes, la presqu'île de la Croisette. — Au midi, la vue se perd sur l'immense étendue de la mer, ou se repose agréablement sur les îles de Lérins, si riches de souvenirs historiques, et dont la plus rapprochée, l'île de Sainte-Marguerite, qui se trouve à une distance de quatre kilomètres seulement, est une ligne ravissante de verdure formée par les belles forêts de pins qui la couronnent, sans cacher toutefois, au milieu des fortifications qui l'entourent, les murs de la prison du *Masque de fer*. — Enfin, à l'ouest s'élève majestueusement la chaîne des montagnes de l'Estérel, montagnes à l'aspect grandiose qui s'avancent à plus de dix kilomètres dans la mer, avec des crêtes d'une hauteur de 1,529 mètres et qui établit notre abri le plus précieux.

Telle est la position topographique de Cannes, dont un grand penseur disait naguère, dans le *Magasin pittoresque* : « Il existe sur le sol de France un coin de terre privilégié entre tous par la nature, c'est la portion du littoral méditerranéen qui s'étend à l'est des montagnes de l'Estérel : soit que cette chaîne abrupte suffise pour couper le terrible vent qui désole la côte de Provence, soit qu'il faille attribuer l'affaiblissement de ce vent à la grande chaîne des Alpes qui surgit au nord et dont les massifs gigantesques peuvent obliger les courants du nord-ouest à se détourner en approchant de la côte, le fait est que le mistral, puisqu'il faut l'appeler par son nom, sévit incomparablement moins de ce côté de l'Estérel que du côté opposé. De plus, les hautes cimes des Alpes formant abri du côté du nord, la température de ces cantons tend naturellement à s'élever en raison de cette circonstance; et, le ciel étant habituellement dégagé de nuages, les splendeurs du soleil viennent donner à ces conditions si avantageuses à un séjour d'hiver leur complément indispensable. »

C'est à ces conditions exceptionnelles que doit le territoire de Cannes d'être moins exposé à l'action malfaisante des vents, qui s'y font peu sentir, et dans peu de cas avec violence. D'après mes observations, voici dans quelles proportions ils m'ont paru se produire : les vents les plus fréquents viennent du sud-est, de l'est et du nord-est ; les plus rares, de l'ouest, du nord, du nord-ouest et du sud. Aux équinoxes, le vent d'est domine à peu près exclusivement ; c'est celui qui amène les pluies. — A partir du mois de mai jusqu'en septembre, le vent a une marche assez constante ; il se lève le matin vers neuf heures dans la direction de l'est, suit invariablement la marche du soleil, et disparaît vers cinq heures dans la direction de l'ouest. Cette particularité est bien connue de tous les marins. — Ce vent, que quelques auteurs ont appelé l'*alizé* méditerranéen, apporte en été une douce fraîcheur qui tempère considérablement l'ardeur des rayons solaires. — Le vent du nord, connu sous le nom de vent de *bise*, est des plus rares l'hiver, et dans tous les cas l'abri naturel qui nous entoure ne lui permet pas de se faire sentir avec intensité, ce qui constitue un avantage des plus précieux pour les constitutions débiles et les phtisiques en particulier ; c'est aussi ce qui a fait dire à l'auteur déjà cité : « A Cannes, par cette ceinture continue de collines qui procurent une sorte de paravent naturel entre le golfe et les hautes montagnes, aucune vallée n'y fait brèche, et, lorsque les vents froids soufflent des Alpes, ils passent par-dessus le littoral. Grâce à cette protection, ils vont tomber à une certaine distance à la surface de la mer, dont on voit les vagues se gonfler à l'horizon avec leurs crêtes d'argent, tandis que sur le bord tout est calme.

« Il faut donc reconnaître que les santés délicates rencontrent au pied de ces charmantes collines des conditions climatériques dont Nice ne saurait leur assurer la jouissance d'une manière aussi constante. »

Abritée comme l'est Cannes, dans toutes les parties de son bassin, et ouverte sur la mer à l'influence des vents maritimes qui sont tièdes et doux, cette ville présente, pendant la saison froide, une température assez élevée. Il résulte en effet d'un relevé, que je tiens exactement depuis quatorze ans, que la moyenne d'hiver est de 10,2, et que pendant le mois de janvier, en général le plus froid, le thermomètre oscille entre 8 et 9 centigrade. Tandis que l'automne donne en moyenne 13,9, le printemps 17,9 ; l'été 22,3. — Ces observations thermométriques se trouvent pleinement confirmées par le relevé qu'a tenu dans ces dernières années un honorable magistrat. — L'illustre ex-chancelier d'Angleterre, lord Brougham, membre de l'institut de France, qui a bien voulu m'honorer de sa confiance pendant son séjour à Cannes, m'a communiqué ses observations météorologiques sur Cannes, qui sont de plusieurs degrés plus élevées, ce qui tient en grande partie à la position favorable qu'occupe son élégant château. En rapprochant ces chiffres, comme je l'ai fait à la fin de cette notice, dans un tableau synoptique de météorologie, on trouve un avantage notable en faveur du climat de Cannes par rapport à d'autres villes bien favorablement citées, telles que Rome, Pise, Florence, Venise et Nice. — Ce qu'il y a de plus remarquable dans ces observations, c'est qu'entre la moyenne du *minima* et du *maxima* de la température, les transitions sont plus faibles que dans la plupart des villes d'Italie. L'organisation humaine se trouve par conséquent beaucoup moins exposée aux impressions fâcheuses que ces transitions éveillent, et à l'action nuisible qu'elles exercent plus particulièrement sur les voies respiratoires.

Les effets de cette température élevée et peu variable, joints à d'autres conditions favorables, se font également sentir d'une manière directe sur la végétation de cette heureuse contrée, où l'on rencontre les produits des diverses latitudes du globe : le sapin et le chêne du Nord, à côté du cactus et de l'aloès d'Afrique. C'est ainsi que l'amandier fleurit en janvier, que l'oranger et l'olivier mûrissent leurs fruits en hiver, tandis que l'ormeau conserve ses feuilles en décembre. C'est ainsi encore que le jujubier, le grenadier, le palmier, s'y couvrent de fruits abondants ; qu'il s'y développe de vastes champs de jasmins, de violettes et de tubéreuses, qui flattent la vue et l'odorat par la diversité des couleurs et la suavité des parfums ; qu'ici on remarque de brillantes cultures de géraniums dont les fleurs étalent une variété de couleurs aux nuances ravissantes ; que plus loin, la cassie, dont la récolte dernière a produit une somme de 160,000 fr. à ses heureux cultivateurs, s'annonce par son odeur pénétrante. Partout des plantes labiées et des fleurs en abondance qui croissent sans culture. — Les coteaux qui entourent ce riant bassin sont richement boisés : les lauriers, les arbousiers et autres arbustes y prennent les développements d'un arbre, mais ce sont surtout les pins (*pinus, piccea*) qui y dominent et saturent l'air de leurs émanations balsamiques, pour lui donner des qualités particulières auxquelles j'attribue une partie des beaux résultats qu'ont obtenus un grand nombre de malades qui ont fréquenté le pays.

Est-ce à dire que l'hiver ne se fait jamais sentir à Cannes, et que, selon l'expression du spirituel et poétique auteur d'*Une saison à Cannes*, « dans ce climat enchanteur la poétique fiction d'un printemps éternel est une gracieuse réalité ? » Je ne connais aucun point de l'Europe qui réunisse de telles conditions ; mais il est certain qu'il est bien rare que la douceur du climat, la sérénité du ciel, soient troublées par des variations brusques ; et généralement un beau soleil, une douceur de température, comme ne pourraient en imaginer les habitants des climats froids, constituent notre état normal en hiver, tout comme la neige, un ciel gris et humide sont l'apanage des régions du Nord. — La supériorité du climat de Cannes se trouve parfaitement définie par M. le docteur Champouillon, dans ses appréciations sur les meilleures stations pour les poitrinaires. Il dit : « Sous le rapport de la pureté, de l'éclat du ciel et de la sécheresse de l'atmosphère, pendant la nuit, le bassin de Cannes n'a peut-être pas son pareil sur les côtes européennes de la Méditerranée. Il semble vraiment que cette résidence ait été créée tout exprès pour les poitrinaires, lymphatiques et scrofuleux. »

Pour compléter mon relevé météorologique, je dois ajouter que, pendant six années d'observations, j'ai constaté, à l'aide du pluviomètre Waltkins, qu'il tombe annuellement à Cannes environ vingt-cinq pouces cubes d'eau, et que le nombre de jours pluvieux est en moyenne de cinquante-deux par année. — La pluie tombe généralement en abondance aux équinoxes, et avec tant de précipitation, que sa durée ne dépasse pas quelques heures ; aussitôt après, le ciel redevient pur, de telle sorte qu'il est bien rare que, même pendant les plus fortes pluies, on ne trouve pas dans la journée quelques heures favorables pour la promenade. — Pendant cette même période, le baromètre a oscillé entre les deux limites extrêmes 757 m. m. 21 et 775 m. m. 29, et s'est maintenu en moyenne entre 754 et 759.

Au milieu d'une végétation aussi active, les sources d'électricité sont puissantes ; c'est à ces heureuses conditions électriques convenablement réparties que quelques auteurs ont attribué cet accroissement rapide des végétaux dans cette contrée ; mais, Cannes se trouvant placée entre la mer et les hautes montagnes qui lui servent de condensateur naturel, les commotions électriques sont peu à redouter. Chacun sait que les orages y sont fort rares, étant refoulés dans les montagnes par les vents de la mer prédominants.

II

Ces courtes appréciations suffiraient pour faire pressentir l'utilité du climat de Cannes, si l'expérience ne la démontrait de la manière la plus péremptoire. L'air y est pur, sain, tempéré, secondé dans ses heureux effets par un brillant soleil qui sollicite chaque jour à la promenade. Il est exempt, ai-je dit, de ces vicissitudes atmosphériques si redoutables pour les organisations débiles, et le printemps, ainsi que l'automne, semblent confondre leur température avec les tièdes journées de l'été. Aussi l'étranger, transporté en peu de jours des brumes tristes et froides du Nord sous ce ciel privilégié, ne se lasse-t-il pas d'admirer la douceur de notre climat et la féconde activité de notre végétation.

Dans un pays si bien doté par la nature, où n'existe aucun foyer d'insalubrité, aucune masse d'eau stagnante ou marécageuse, les habitants doivent se trouver nécessairement dans d'excellentes conditions de santé générale. Ils sont exempts, en effet, des maladies inhérentes aux contrées chaudes, et se trouvent affranchis d'un grand nombre de celles qui sont particulières aux climats froids. Le croup, les angines couenneuses, si terribles à Paris, sont inconnues à Cannes. Les affections scrofuleuses, les engorgements strumeux ou lymphatiques, y sont fort rares et cèdent bien plus promptement aux agents thérapeutiques appropriés. Cette vérité est plus apparente pour moi, qui, chaque année, pendant mes voyages dans le Nord, me livre à des études médicales comparatives.

L'expérience m'a parfaitement démontré les bons effets qu'on peut obtenir par ce climat essentiellement tonique, sans être excitant, dans tous les cas d'anémie, de chlorose, de débilitation générale, de scrofule, de rachitisme et d'engorgements lymphatiques ; chez les jeunes personnes pour aider à leur formation ou combattre une débilité organique, comme aussi dans les altérations chroniques des centres nerveux ; dans les diverses névroses et névralgies ; les rhumatismes, la goutte, pour la guérison desquels le froid, l'humidité et le peu d'exercice en plein air sont reconnus nuisibles ; mais ce sont surtout les affections chroniques de l'appareil respiratoire : l'emphysème pulmonaire, l'asthme, la phthisie à tous ses degrés et les diverses affections catarrhales qui se modifient le plus avantageusement sous l'influence de cet air pur, suffisamment sec et chaud, saturé en outre d'émanations balsamiques auxquelles j'attribue une part dans l'action thérapeutique de ce climat.

L'action physiologique de l'air de Cannes sur l'organisation humaine, qui frappe tout d'abord, porte sur la surface cutanée pour y jouer un rôle important. Cette action est éminemment tonique ; elle développe et entretient cette activité vitale à la périphérie du corps, si puissante pour faciliter les sécrétions et dégager les organes profondément placés des turgescences morbides qui tendent à s'y produire. Il ne faut pas perdre de vue les corrélations directes qui existent entre l'organe cutané et les muqueuses, puisque celles-ci ne sont que la continuation de la surface cutanée réfléchie dans toutes les cavités qui viennent s'ouvrir à la surface du corps et qui les tapissent dans toute leur étendue.

« La circulation capillaire, écrivait M. Gerdy en 1834, et répète M. Fleury de nos jours (le docteur Fleury, *Traité d'hydrothérapie*, page 425), n'est suffisamment étudiée ni dans les livres ni dans les écoles ; et cependant de quelle importance n'est-elle pas dans les maladies et dans la pratique médicale ? Si c'est elle qui nous nourrit, puisqu'elle fait le sang, si c'est elle qui nous dépure, puisqu'elle décompose nos tissus, elle est véritablement la clef de voûte de tout l'édifice physiologique en même temps qu'elle doit être l'aboutissant de toute la thérapeutique[1]. »

Chacun sait que le refroidissement de la peau, la suppression des sueurs, entraînent promptement l'inflammation des muqueuses en déterminant l'accroissement de leur vitalité et un état congestif de leurs vaisseaux capillaires. De toutes les muqueuses, aucune ne se trouve plus influencée que celle des voies respiratoires par les changements qui surviennent sur la surface cutanée. Qui ignore que le coryza, la laryngite ou la bronchite sont le résultat du refroidissement de la peau ? Comment ne pas comprendre, d'après cela, qu'un climat qui a une action si puissante sur la peau, en y activant la circulation capillaire, doit exercer une influence des plus favorables sur les muqueuses en général, et plus particulièrement sur celle du poumon, qui est plus directement liée à la surface cutanée.

A cette action si précieuse, il faut ajouter que cet air pur et tonique possède, comme puissant modificateur des maladies indiquées, surtout dans la phthisie pulmonaire et les affections catarrhales, le privilège d'être saturé dans de notables proportions des émanations balsamiques

---

[1] M. le docteur Dauvergne, *Traité du véritable mode d'actions des eaux thermo-minérales.*

(thérébenthinées) qu'exhalent les nombreux bois de pins (*Pinus piccea*), qui entourent et ornent les environs de Cannes.

Depuis les temps les plus reculés, l'on a préconisé les inhalations ou aspirations balsamiques dans certaines maladies. Marcellus Empericus et Galien traitaient la phthisie pulmonaire, au dire de M. Sales-Girons, par les bourgeons de sapins. Les docteurs Crichton, Lazzareto, Hufelann et Neumann leur faisaient respirer s principes balsamiques du goudron. C'est encore ce que l'on fait de nos jours. Cette application directe des balsamiques sur les poumons a toujours été dans la pensée des médecins ; et divers instruments, plus ou moins ingénieux, ont été inventés dans ce but ; « mais tous ont l'inconvénient, dit M. le professeur Teissier, de Lyon, de faire arriver d'une manière trop immédiate et trop directe dans le larynx et dans les poumons des vapeurs irritantes qui provoquent la toux, l'ardeur et la sécheresse de la gorge. » C'est pourquoi, dans ces derniers temps, on a proposé la création de salles d'inhalations. M. le professeur Teissier voudrait les voir établir dans les hôpitaux, affirmant « qu'en modifiant ainsi l'air respiré par les malades on peut guérir ceux-ci d'affections graves, capables d'entraîner la mort, et ayant déjà résisté aux moyens les plus sûrs et les mieux administrés. » Les substances employées le plus habituellement sont le goudron, les copeaux résineux de pins à poix (*Pinus piccea*), les bourgeons de sapins. Or, à Cannes, avec un ensemble des plus heureuses conditions, ces émanations balsamiques se produisent tout naturellement dans d'admirables proportions, telles que la nature seule a le secret de les produire, et deviennent dans leur parfaite simplicité un des agents thérapeutiques des plus puissants : des faits nombreux m'ont démontré les bons résultats que l'on peut en attendre ; bien des malades et d'estimables confrères ont pu en constater avec moi les excellents effets.

Les promenades dans les bois de pins sont suivies généralement d'une sédation remarquable. C'est pour utiliser ces précieux moyens thérapeutiques, et pour en activer la puissance médicatrice, que je fais placer depuis longtemps dans la chambre des malades atteints de catarrhes ou de tuberculisations pulmonaires, des branches de pins qui modifient si avantageusement les fonctions des organes malades. Les émanations qui s'échappent de ces branches de pin agissent non-seulement par voie d'absorption à travers les pores de toute la surface cutanée, mais aussi directement et localement par voie d'inhalation sur la muqueuse pulmonaire, pour y apporter des modifications importantes. Au milieu d'une atmosphère ainsi constituée, dont la nature fait presque tous les frais, la respiration devient généralement plus libre, la toux plus rare, l'expectoration plus facile ; et les chances d'hémoptysies sont moins grandes.

Cette question est trop importante pour que je puisse la traiter convenablement dans cette courte notice ; je me réserve de lui donner tous les développements nécessaires dans un travail spécial. Je me borne à constater en ce moment que les émanations balsamiques qui saturent l'air que l'on respire à Cannes et dans ses environs jouent un rôle important dans le traitement des maladies chroniques, et que cet agent thérapeutique, joint aux autres conditions avantageuses de ce climat, procure l'amendement et souvent la guérison même de maladies réputées incurables, qui ont déjà résisté aux médications les plus entendues et les mieux appropriées. — Un des exemples les plus remarquables est celui de M. Garnier Pagès, dont les luttes mémorables du gouvernement provisoire avaient sérieusement altéré la santé en provoquant des accidents pulmonaires pathognomoniques qui alarmaient avec raison ses médecins et ses amis. Or, mieux que personne, il a pu apprécier l'excellence du climat de Cannes et, en particulier, des émanations balsamiques des pins. Il n'éprouvait nulle part de soulagement plus marqué qu'au milieu des bois de pins, ce qui le détermina, d'après mes indications, à faire transporter dans sa chambre plusieurs de ces arbres que l'on renouvelait souvent, et qui furent la source d'une amélioration sensible dans l'état du malade. Cette observation sur M. Garnier Pagès met en lumière cette particularité, que la grande proximité de la mer, reconnue en général utile en raison des saturations salines de l'air, peut quelquefois être nuisible à certaines organisations nerveuses trop excitables ; c'est ainsi que M. Garnier Pagès dut renoncer à cette charmante promenade de la plage de la Croisette, objet de sa prédilection, parce qu'elle provoquait chaque fois la reproduction d'hémoptysies alarmantes, lesquelles ne tardaient pas à se calmer dans les bois de pins. J'ai revu depuis à Paris plusieurs fois M. Garnier Pagès, qui veut bien m'honorer de son amitié. Il jouit d'une santé satisfaisante.

III

Les considérations qui précèdent contribuent à expliquer les nombreux exemples de guérison ou d'amélioration dans une foule de maladies reconnaissant pour cause première un principe de débilitation ou d'épuisement des forces, que le froid et l'humidité contribuent à faire naître, à augmenter ou à entretenir. Mais l'on s'explique bien mieux encore l'action bienfaisante de ce climat, en raison des qualités qui lui sont propres, dans les affections chroniques de l'appareil respiratoire, et spécialement dans la phthisie pulmonaire à tous les degrés. Cette heureuse influence climatérique améliore, d'une part, les conditions générales de l'organisme ; d'autre part, elle concourt à limiter les progrès de la lésion locale, en cicatrisant les cavernes, en favorisant le processus sub-inflammatoire de réparation organique. Si cette influence est quelquefois modifiée par des circonstances accessoires très-variées, une maladie intercurrente, par exemple, il importe que le médecin, par une connaissance exacte du climat et des lieux, s'applique à adapter parfaitement cette influence à ces mêmes circonstances et aux idiosyncrasies particulières, comme aux nécessités de la nature spéciale de la lésion organique.

Les nombreux cas de guérison ou d'amélioration, même dans la phthisie pulmonaire, obtenues à Cannes, ont pu être constatés par plusieurs médecins distingués.—Je prends, parmi les nombreuses observations que j'ai recueillies avec soin, quelques citations en faveur des faits que j'avance.

En 1843, une jeune personne de dix-huit ans, fille d'une des premières familles de l'Alsace, d'une beauté remarquable, d'un tempérament lymphatique prononcé, arriva à Cannes. Après un examen attentif, je constatai la présence de tubercules crus, quelques tubercules ramollis et une bronchite locale au côté droit de la poitrine, ce qui confirma le diagnostic déjà porté sur l'état de cette intéressante malade par plusieurs célèbres médecins allemands et français. Il y avait, en effet, un amaigrissement prononcé, une toux fréquente avec expectoration abondante et des mucosités contenant quelques traces légères de pus ; elle avait des hémoptysies caractérisées par des stries sanguines disséminées dans les crachats. Elle était facilement essoufflée. La percussion dénotait, à la région latérale droite, près du mamelon du sein, une surface de six centimètres de diamètre, où la matité était assez sensible. Elle éprouvait parfois un peu de douleur en ce point. Le thorax était d'ailleurs régulièrement constitué ; mais, lorsque cette demoiselle faisait une inspiration profonde, la partie affectée restait presque immobile.— L'auscultation de cette région laissait entendre du râle sous-crépitant, s'étendant jusque vers la clavicule. Ce râle était dû à la présence de petites excavations pulmonaires dans lesquelles la matière tuberculeuse ramollie était agitée par l'air. Il y avait un léger rhoncus. Le bruit respiratoire était faible, râpeux en quelques points, tandis qu'il était exagéré vers la base. Il faut ajouter à ces symptômes un mouvement fébrile continu qui s'exagérait vers le soir, et, tandis que la peau était habituellement chaude et sèche, dans la nuit il apparaissait parfois des sueurs ou de la moiteur visqueuse.

Après cinq années de séjour sous l'action du climat privilégié de Cannes, de promenades fréquentes au milieu des bois de pins ou sur les bords de la mer, de soins multipliés, de précautions infinies, il s'opéra une amélioration notable. Elle retourna dans le nord, s'y est mariée ; elle a eu trois beaux enfants. — Je l'ai revue, il y a quelques mois, avec beaucoup d'intérêt, dans de bonnes conditions de santé. Elle n'a plus de rudesse dans le bruit respiratoire, aucun râle muqueux, ni brochophonie, ni pectoriloquie, ni toux, ni expectoration quelconque. Toutefois elle conserve un peu de dépression au sommet du poumon primitivement malade. La matité à la percussion est limitée à un espace d'environ trois centimètres, et l'on perçoit de loin en loin un petit bruit de craquement. — Cette observation me paraît assez probante pour me permettre de la rapporter sommairement en dehors du cadre qui m'est imposé.

M. le baron de Turckeïm, ancien député et maire de Strasbourg, était atteint d'accidents pulmonaires tellement graves et à une période si avancée, que son médecin craignait qu'il ne pût arriver jusqu'à Cannes. Il y séjourna pendant cinq années consécutives, après lesquelles, en quittant ce pays, il se plaisait à me répéter avec gratitude : Le meilleur témoignage que l'on puisse donner des bienfaits du climat de Cannes, c'est le bon résultat que j'y ai obtenu.

M. le docteur Viguès, qui exerce la médecine à Paris, a pu s'assurer pendant ses voyages à Cannes de la supériorité incontestable de son climat, parmi les malades qu'il y a visités. — Un de ses clients, chez lequel il avait constaté, conjointement avec M. Gendrin, l'existence de deux cavernes dans la région moyenne du poumon droit, retournait à Paris quatre ans après, dans de bonnes conditions de santé.

M. le docteur de Saint-Laurent, médecin de la Salpêtrière, en a constaté aussi les bons effets. Il n'a pas oublié cette personne gravement atteinte, qu'il m'adressa en proie à des accidents pulmonaires bien caractérisés, avec hémoptysies abondantes et une émaciation croissante. — Après un an de séjour à Cannes, il reconnut en ma présence une amélioration inespérée, un embonpoint notable (elle pesait 24 livres de plus), tandis que la gravité des symptômes s'amendait.

M. le docteur Calvy, premier médecin en chef de l'Hôtel-Dieu de Toulon, m'exprimait, il y a peu de jours, l'agréable surprise qu'il éprouva en revoyant un malade de Cannes auquel il avait donné des soins un an auparavant, et dont les deux poumons, envahis à leur sommet par une vaste caverne, et criblés ailleurs de tubercules en suppuration, n'avaient pu résister, pendant si longtemps, à cette désorganisation morbide que par suite de l'influence salutaire de notre climat. — Ce fait pathologique a d'autant plus de valeur à mes yeux, que, pour lui accorder une mention spéciale, mon honorable confrère de Toulon a dû le distinguer parmi ceux de même nature que lui offre la pratique d'un grand hôpital et d'une nombreuse clientèle, dans une ville placée, elle aussi, dans d'excellentes conditions climatériques.

M. le docteur Michel n'a pas perdu le souvenir de cette personne arrivée au troisième degré de la phthisie pulmonaire, qui, après avoir consulté à Paris M. Chomel et plusieurs sommités médicales, fut envoyé à Cannes, en quelque sorte pour y mourir dans un laps de temps qui ne devait pas excéder trois mois. La famille fut prévenue pour la préparer à ce douloureux événement. Quatre ans après, un membre de cette famille arriva auprès du malade et m'exprima avec bonheur son agréable surprise de le trouver rappelé à la vie, sinon à la santé.

M. le docteur Palmier, qui traite à Paris un grand nombre de malades d'après un système particulier, dont les toniques sont la base, pourrait dire combien il a obtenu de résultats favorables parmi les nombreux malades qu'il adresse à Cannes chaque année.

M. le docteur Amédée Latour, qui s'est occupé d'une manière spéciale, avec intelligence et succès, du traitement de la phthisie pulmonaire, s'est assuré des bons effets du climat de Cannes et a pu les constater sur des malades atteints de phthisie pulmonaire que j'ai eu l'avantage de lui présenter ; aussi il le recommande en première ligne aux phthisiques [1].

J'ai gardé à l'hôpital une religieuse avec des cavernes fort étendues

[1] Relativement aux changements de lieux pour les phthisiques, une première règle me guide : c'est de les expatrier le moins possible. Nous avons en France quelques localités qui jouissent pendant l'hiver d'une température assez douce et assez uniforme, pour que les malades n'aient pas besoin de s'exposer aux fatigues de voyages lointains et aux ennuis de quitter le pays. Je mets par-dessus tout dans mes préférences le séjour de Cannes… Je ne mets pas en doute que, si les habitants de Cannes cherchaient, en construisant des maisons confortables, comme ils commencent à le faire, à attirer sous leur climat fortuné les malades qui, faute de logement et d'aisance, sont obligés d'aller ailleurs, cette station d'hiver ne devienne une des plus fréquentées de l'Europe. (Docteur Amédée Latour, *Traitement de la phthisie pulmonaire*, page 36. Publié à Paris, en 1857.)

pendant six ans. — J'ai en ce moment dans mon service au même hôpital un homme de vingt-huit ans, qui porte depuis trois ans des cavernes profondes dans le poumon droit, et, dans ces derniers temps, ses forces sont revenues au point de lui permettre de reprendre bientôt son travail habituel.

Je n'en finirais pas si je voulais rapporter toutes les observations médicales, suivies d'un heureux résultat, pendant plus de dix-neuf ans que j'exerce la médecine dans cette localité; j'ai conservé quelques centaines de consultations émanées de la plupart de nos célébrités médicales de l'Europe, et je suis surpris que leur pronostic soit à peu près invariablement aussi sombre dans tous les cas où la tuberculisation du poumon peut être seulement soupçonnée. Il est vrai que les climats du Nord sont essentiellement préjudiciables aux malades de cette catégorie. J'ai pu constater moi-même pendant mon séjour dans les hôpitaux de Paris combien cette maladie y faisait des progrès rapides. Mais les choses se passent tout autrement dans les contrées méridionales qui réunissent des conditions climatériques appropriées à ces accidents pathologiques, pour en prévenir sûrement le développement, en arrêter les progrès et même, arrivés à la troisième période, pour en obtenir quelquefois la guérison.

J'avoue que, dans ces derniers cas, s'il est toujours possible de soulager les malades et de retarder la terminaison fatale d'un mal trop avancé dans son travail de désorganisation, il est malheureusement beaucoup plus rare de pouvoir en obtenir la guérison. Mais j'affirme aussi que cette guérison n'est pas impossible, que je compte plusieurs témoignages de cette consolante vérité dans ma pratique, et que, chaque année pendant mes voyages à Paris et dans le Nord, j'ai la satisfaction de voir bon nombre de mes anciens malades de Cannes qui vivent dans d'excellentes conditions de santé, avec des excavations pulmonaires cicatrisées.

Quant aux autres maladies indiquées plus haut, telles que l'anémie, le rachitisme, la chlorose, les scrofules, l'atonie organique, chez les cachectiques, les valétudinaires, chez toutes les personnes affaiblies par des maladies antérieures graves, par des travaux de l'esprit excessifs ou de violents chagrins, il est facile de comprendre combien elles peuvent être heureusement modifiées pendant la saison d'hiver par les conditions favorables et particulières de cette localité[1].

---

[1] Le climat de Cannes est encore très-bon pour les personnes débiles, malingres, dont

Il en est de même de cette grande classe de maladies nerveuses encore peu connues dans leur essence, qui, loin d'avoir pour origine un excès dans les forces, proviennent au contraire d'une cause opposée, que l'influence tonique et vivifiante de l'air de Cannes modifie d'une manière si prompte et si sûre; ajoutez à cela l'attrait du brillant paysage dont la ville est entourée, l'aspect de ces sites délicieux dont le pittoresque et la variété captivent la pensée et la distraient agréablement, par ce ravissant spectacle, du sujet de ses préoccupations habituelles! Sous l'empire de ces impressions qui disposent favorablement la sensibilité, la force renaît, et le système nerveux, dont les altérations rendent l'existence si pénible, reprend ses fonctions normales et régulières.

IV

Dans les quelques considérations qui précèdent, j'ai eu surtout en vue l'influence qu'exerce le climat de Cannes sur l'organisation humaine pendant la saison que j'appellerais froide, si l'hiver ne passait presque inaperçu dans cette contrée : c'est celle qui commence à la fin du mois de septembre et finit en mai. A partir de cette dernière époque, d'autres ressources thérapeutiques viennent s'ajouter à celles que j'ai indiquées à grands traits ; je veux parler des bains de mer et des bains de sable.

A une époque où il y a tant de personnes débilitées ou affaiblies, chez lesquelles un principe scrofuleux ou lymphatique prédomine, on comprend l'utilité des bains de mer et on s'explique pourquoi ils sont recommandés avec tant de persistance et suivis avec tant de succès ; mais doit-on, avec indifférence, négliger dans ces recommandations les milieux où s'exerce cet agent de curation? Il est évident, par le peu de mots qui précèdent, que, l'air de Cannes étant essentiellement tonique, il ne peut qu'ajouter à cette même action que l'on a en vue de produire par les bains de mer.

les indispositions n'ont pas de caractère fixe ou particulier, mais qui sont atteintes d'une atonie générale; plantes qui végètent dans nos contrées septentrionales, et se raniment aux doux et vivifiants rayons du soleil du Midi! Celles-là peuvent se contenter des bains d'air, et certes, ils ne manquent pas de charmes : un ciel d'azur, une douce brise, une atmosphère tiède et embaumée, une nature toujours fraîche, tels sont les éléments. L'équitation, la promenade, la facilité de prolonger les bains de mer bien avant dans l'automne (les Anglais se baignent tout l'hiver), la pêche, la navigation, complètent cet ensemble de thérapeutique amusante. (*Une Saison à Cannes*, page 21.)

Le fait capital qui domine dans l'action des bains de mer, c'est l'impression du froid que l'on y éprouve en s'y plongeant, et le résultat à en obtenir réside essentiellement dans la réaction qui doit s'ensuivre, ce qui est subordonné à l'âge, à l'état de maladie et de force plus ou moins grande. Il faut donc nécessairement que cette impression de froid soit en rapport avec la somme de forces vitales des individus pour qu'elle puisse être suivie d'une réaction dans laquelle tous les organes trouveront une énergie nouvelle. Si cette réaction a de la peine à s'établir, les bains de mer peuvent être une source de fatigue, quelquefois même d'accidents morbides graves.

Les bains de mer agissent par leur température et par leur composition chimique. Pendant longtemps on avait cru, d'après les analyses chimiques, que les eaux de la Méditerranée contenaient plus de matières salines que celles de l'Océan ; cependant, selon les expériences de Bouillon-Lagrange et Vogel, la différence serait dans une très-minime proportion en faveur de celle de l'Océan[1]. Quant à la température, il a été constaté que les eaux de la Méditerranée sont de 4 à 6 degrés centigrade plus élevées que dans l'Océan, et celles qui bordent le bassin de Cannes le sont de 6 à 8, ce qui s'explique par la concentration des rayons solaires sur les sables compactes et brillants qui en forment les bords et le fond ; la mer est en outre si peu profonde sur nos côtes, que les baigneurs peuvent s'éloigner à plusieurs mètres du rivage avec de l'eau jusqu'à la ceinture.

Si à cette condition d'une température plus élevée de l'eau de la Méditerranée et du bassin de Cannes en particulier, l'on joint celle d'un climat si doux, si beau dans cette contrée, tandis qu'il est si variable et moins chaud sur les bords de l'Océan, on ne saurait trop préconiser les

---

[1] Analyse chimique de l'eau de mer d'après Bouillon-Lagrange et Vogel, sur 100 grammes :

EAU DE L'OCÉAN.	litres.	EAU DE LA MÉDITERRANÉE.	litres.
Hydrochlorate de soude	25 10	Hydrochlorate de soude	25 10
id. de magnésie	3 50	id. de magnésie	5 25
Sulfate de magnésie	5 78	Sulfate de magnésie	6 25
Carbonate de chaux	5 78	Carbonate de chaux	» 15
id. de magnésie	» 20	id. de magnésie	» 15
Sulfate de chaux	» 15	Sulfate de chaux	» 15
id. de soude	» 12	id. de soude	» 14
	40 63		37 19

bains de Cannes aux personnes délicates ou fortement débilitées. Il est constant que, tandis que des personnes ont pu supporter à Cannes un bain de mer d'une durée de demi-heure, elles ne pouvaient y rester que quelques minutes dans l'Océan. Quand le bain n'a qu'une durée de quelques minutes, on ne peut s'attendre à une action quelconque sur l'économie de la composition chimique de ces eaux. L'absorption peut d'autant moins se faire, qu'il y a dans les premiers temps de l'immersion un état de concentration générale et de spasme qui s'oppose à ce que les vaisseaux absorbants puissent remplir leurs fonctions.

A Cannes, en raison de la température plus élevée de l'eau, pouvant permettre une immersion plus prolongée, et par des exercices multipliés auxquels on peut se livrer dans cette mer limpide, admirablement pourvue d'un sable fin et moelleux, sans crainte d'être entraîné par les courants, l'action chimique des bains de mer doit être plus forte et par ant plus efficace.

Quel que soit le mode d'action des bains de mer, il est reconnu qu'i's sont toniques, qu'ils augmentent la somme des forces radicales, et, sous cette influence, les divers appareils, les divers organes, acquièrent une vie nouvelle. Si les vieillards, les jeunes enfants ou les personnes trop fortement débilitées, au teint blafard et aux chairs flasques, ne peuvent profiter de leur puissante action, cela tient à ce que, la première impression des bains de mer étant dépressive, il faut un certain degré de force vitale pour faciliter la réaction bienfaisante sans laquelle les bains de mer deviennent dangereux. L'air de Cannes, par ses qualités toniques, facilite cette réaction salutaire, et, la température de cette eau se trouvant comparativement plus élevée, cette dépression des forces étant moins grande, les personnes de cette dernière catégorie pourront obtenir à Cannes des avantages de ce bain dont elles ne pourraient profiter ailleurs. — M. Frémy, conseiller d'État, chargé de l'inspection extraordinaire des départements du Midi, me disait, il y a quelque temps : « J'ai parcouru divers établissements de bains de mer de l'Océan et de la Méditerranée, et je n'ai pu obtenir nulle part les bons effets que me procurent ceux de Cannes. » Nulle part aussi il n'avait pu, avec la même facilité et autant d'avantages, s'immerger dans le sable brûlant, en sortant de la mer, pour faciliter cette réaction si utile et si indispensable. Les bains de sable ou d'insolation combinés avec une étonnante facilité, sur nos côtes, avec les bains de mer, permettent aux personnes dont la réaction ne pourrait se faire promptement après ces derniers de profiter de ce puissant agent thérapeutique.

V

Si les bains de sable ou d'insolation sont souvent le complément indispensable des bains de mer, pour en assurer les bons effets chez les personnes faibles ou trop débilitées, pris isolément, ils n'en sont pas moins un des plus énergiques modificateurs thérapeutiques. — Lorsqu'à partir du mois de juin jusqu'en septembre le soleil darde de ses rayons ardents le beau sable quartzeux et micacé qui borde la mer, la température s'élève souvent dans cette masse sablonneuse jusqu'à 50 ou 60 degrés centigrade. Si, en ce moment, on recouvre le corps de ce sable ainsi échauffé, après l'avoir convenablement préparé, un mouvement fluxionnaire s'opère vers la peau, accompagné d'une forte rubéfaction, bientôt suivie d'une transpiration des plus abondantes. Le sable agit dans ce cas, non-seulement en raison du calorique qui le pénètre, mais encore par l'eau de mer desséchée à sa surface dont il est saturé, et aussi par un certain développement d'électricité qui doit s'y produire. La vérité est, quoi qu'aient pu dire quelques auteurs, que ce même sable transporté à une certaine distance de la mer ne procure pas longtemps les mêmes bons effets qu'on en obtient sur le rivage.

De tous les temps les bains de sable ont été employés ; chez les Arabes, où les bains de toute sorte ont toujours été en grande faveur, on en obtenait de bons résultats : c'est en plongeant dans le sable échauffé par le soleil les jeunes garçons de douze ans, après leur avoir fait subir l'opération qui les préparait à la garde des sérails, qu'on rendait à cette opération quelquefois dangereuse la plus complète innocuité ; les heureux résultats qu'on en retire, surtout depuis ces derniers temps, semblent devoir leur assurer une application plus fréquente. On les emploie avec succès dans une foule d'affections chroniques contre lesquelles tant d'autres moyens avaient échoué : paralysies, douleurs rhumatismales articulaires ou musculaires, affections lymphatiques ou scrofuleuses. Ils agissent aussi contre divers engorgements, qu'ils ont pour but de dissoudre en facilitant la circulation ; ils opèrent à la fois comme toniques et dépuratifs.

Il est bien reconnu que ces bains ne provoquent jamais d'inflammation. Mais, comme tous les moyens thérapeutiques d'une certaine activité, ils comportent des soins particuliers et des précautions très-grandes pour prévenir des accidents sérieux. L'auteur d'une *Saison à Cannes*, qui leur doit le rétablissement d'une santé fortement compromise, ne manque pas de dire : « Il paraît simple au premier abord de jeter une tente sur quelques pieux fortement assujettis, se faire couvrir de sable la partie malade ou le corps entier, rester dans cette position environ une heure, s'envelopper ensuite dans une couverture de laine et demeurer ainsi étendu sur un matelas, exposé au soleil jusqu'à ce que la transpiration s'arrête d'elle-même ; cela paraît facile, et chacun croirait pouvoir se gouverner seul. C'est impossible et même dangereux. Une direction prudente et basée sur l'expérience est de toute utilité. Ce remède si efficace devient funeste et pernicieux s'il n'est employé dans les conditions voulues. »

Le même auteur, dont j'ai suivi le traitement avec le plus vif intérêt pendant tout son séjour à Cannes, complète ce sujet avec vérité et, dans son style, d'une élégante simplicité, il dit : « La plage de Cannes, par son site et par son climat, est des plus favorables à ces insolations ; un chaud soleil, un sable fin qui laisse moins de passage à l'air extérieur et concentre mieux la transpiration ; l'étendue, la profondeur des bancs de sable ; le rivage qui, protégé d'un côté par un cap, de l'autre par une chaîne de montagne, se trouve à l'abri des vents les plus nuisibles à l'effet de ces insolations : tout concourt aux plus satisfaisant résultats. On n'a point à craindre les entraves continuelles du mistral, comme au Prado de Marseille, ni les dangers des sables mouvants de certaines localités de la rivière de Gênes. Nous ne saurions trop préconiser ce traitement, dont nous avons, en trois saisons différentes, chacune de trois mois, reconnu et expérimenté les bons effets. »

Les résultats obtenus par cette médication active, pratiquée dans d'aussi bonnes conditions, sont très-nombreux. L'auteur précité en donne quelques exemples, qui me sont particulièrement connus et auxquels je pourrais en ajouter une infinité d'autres non moins satisfaisants. — Le sien en est un bien remarquable : il arriva à Cannes pouvant à peine se soutenir sur ses jambes, à l'aide de deux béquilles, et cela après avoir épuisé toutes les ressources médicales les mieux entendues. La science ne lui faisait pas défaut, puisqu'il compte dans sa famille de nombreux médecins qui occupent un rang éminent à Paris. Depuis, je l'ai revu bien souvent à Paris, au milieu de cette famille respectable qui veut bien m'honorer de son amitié, dans des conditions de santé aussi satisfaisantes que possible, et, lorsqu'il se rend aux bals de l'hôtel de ville sous le bras de cet éminent professeur de la Faculté de médecine de Paris dont il parle dans son ouvrage et qui lui écrivait : *Ensablez-vous! ensablez-vous!* ce n'est plus pour implorer sa science, mais pour le charmer par son esprit, tout en devenant un des membres les plus actifs et les plus gracieux de ces bals.

Je regrette de ne pouvoir donner à ce sujet si important tout le développement qu'il comporte, dans un moment surtout où la question de la circulation capillaire est appelée à jouer un si grand rôle en thérapeutique, par suite des beaux faits hydrothérapiques qui en dérivent. Sur cette question, comme sur celles non moins sérieuses qui précèdent, je me bornerai à ces considérations générales, étant obligé de me renfermer dans les étroites limites que m'impose la nature de l'ouvrage auquel est destinée cette simple notice. Je me réserve, d'ailleurs, d'utiliser bientôt les matériaux importants que m'ont valu près de vingt ans de pratique dans cette contrée.

TABLEAU SYNOPTIQUE DE MÉTÉOROLOGIE

DESTINÉ

A ÉCLAIRER SUR LE CHOIX DES LOCALITÉS LES PLUS SALUBRES ET OÙ L'HARMONIE DE L'ATMOSPHÈRE EST MIEUX EN RAPPORT AVEC L'ÉCONOMIE VIVANTE [1].

NOMS des LOCALITÉS.	POSITION		TEMPÉRATURE MOYENNE (centigr.)					MAXIMUM de LA CHALEUR EN ÉTÉ.	NOMBRE DES JOURS PLUVIEUX.	QUANTITÉ D'EAU TOMBÉE PAR ANNÉE exprimée en pouces anglais.
	LATITUDE.	LONGITUDE.	ANNUELLE.	HIVER.	PRINTEMPS.	ÉTÉ.	AUTOMNE.			
Cannes......	43 34	4 40	16 2	10 2	17 9	22 3	13 9	31 6	51	24 75
Rome........	41 55	10 7	15 8	7 7	16 3	24 »	14 6	36 2	147	28 »
Pise........	43 43	8 3	15 7	7 9	13 9	24 1	17 »			
Dresde......	51 3	11 23	8 4	0 4	8 4	17 2	8 4			
Paris........	48 50	» »	10 6	3 7	9 8	18 1	10 9	35 »	154	20 »
Francfort....	50 6	6 21	9 8	1 2	9 9	18 3	10 1			
Munich......	48 8	9 14	8 9	0 4	9 »	17 4	9 1			
Milan........	45 28	6 50	12 8	2 1	13 »	22 7	13 2			
Nice........	43 41	4 56	15 5	9 3	17 6	25 1	13 »	31 2	53	25 92
Venise......	45 25	9 59	13 7	3 3	12 6	22 8	15 3			
Gênes.......	44 24	6 31	15 5	8 3	15 9	23 4	16 5			
Madère......	32 37	19 16	20 3	18 »	» »	22 5	» »	35 »	75	» »
Philadelphie.	39 56	17 36	11 9	» 1	» »	25 5	» »	35 »	»	» »
Florence.....	43 46	8 55	15 3	6 8	14 7	24 »	15 7			
Sienne.......	43 19	8 59	15 4	5 2	12 »	21 7	14 »			
La Havane..	23 10	84 33	25 6	21 8	» »	28 5	» »	44 »	»	100 »
St-Pétersbourg	59 56	27 59	3 8	8 3	3 4	16 7	3 7	33 »	134	» »
Naples......	40 51	11 55	16 1	9 5	14 4	23 7	16 9			
Palerme.....	38 8	11 2	17 2	11 4	15 »	23 5	19 »			
Malte.......	55 53	12 11	19 4	14 1	17 »	25 4	21 4			
Caire........	30 2	28 55	22 9	14 5	23 »	29 4	21 5			
Londres.....	51 30	2 25	10 2	4 2	9 7	17 3	9 6	34 5	178	21 »

[1] Ces relevés, autre que celui de Cannes, qui est le résultat de mes observations personnelles pendant 14 ans, ont été puisés dans les publications de M. le docteur Naudot et de M. Roubandi sur la variabilité de la température à Nice pendant l'année et les saisons.

CONSIDÉRATIONS MÉDICALES
SUR
LE CLIMAT DE CANNES

PAR

LE DOCTEUR G. B. WHITLEY

MÉDECIN ANGLAIS DE L'UNIVERSITÉ D'ÉDIMBOURG

Parmi les changements que les nouvelles voies de communication ont apportés dans les habitudes et dans les mœurs de l'homme civilisé, le moins important n'est certainement pas l'habitude que le monde élégant ou valétudinaire a adoptée, de venir passer l'été sur le bord de la mer aux eaux minérales, et l'hiver au milieu des climats tempérés.

Il est permis d'espérer, dans ce mouvement d'émigration périodique et réglé, des changements importants dans les constitutions, et, par suite, une amélioration des races au bénéfice de notre civilisation.

Les peuples, habitant des contrées autrefois à peine connues de nom et tout à fait isolées du grand mouvement du monde, se trouvent aujourd'hui face à face avec les habitants des pays les plus civilisés et soumis aux exigences du progrès et de la haute civilisation. D'un autre côté, l'économie des transports, la rapidité des communications, permettent à chaque père de famille d'user de ces moyens curatifs, qui étaient réservés autrefois aux grandes fortunes seulement; et ces grands voyages, à travers des pays autrefois inconnus pour eux, deviennent le sujet de toutes les conversations de famille et se transforment bientôt en migrations vers les climats privilégiés ou vers les eaux merveilleuses qui apportent souvent de si heureuses modifications dans les santés délicates.

Il importe donc que cette nouvelle habitude prenne une bonne direction, et que le médecin vienne en aide au malade, afin qu'il puisse choisir au milieu de tant de climats vantés celui dont il pourra recueillir les plus grands avantages pour l'amélioration de sa santé ; car ce n'est pas par cela seul que la vapeur nous transportera avec facilité de Londres, de Saint-Pétersbourg, de New-York, vers les climats enchantés, rêves de notre imagination, que ces sombres maladies, qui nous affligent et qui entravent souvent les projets les plus chéris de nos familles, verront leurs termes. Il faut encore éviter au malade le désenchantement souvent produit par le premier zéphyr de ces terres promises, qui se trouvent si souvent au-dessous de leurs réputations, et qui deviennent alors un sujet de fâcheuses déceptions pour les imaginations maladives.

Nous devons avouer que nous sommes encore loin de posséder tous les renseignements nécessaires pour traiter à fond une question aussi complexe que celle de l'adaptation des climats aux diverses maladies chroniques.

Cependant chaque essai sur ce sujet nous fournit de nouvelles informations précieuses, et c'est avec grand plaisir que nous verrons sortir de votre plume l'ouvrage sur Cannes et ses environs, en votre qualité d'homme de science et de véritable enfant du pays.

OBSERVATIONS SUR LE CLIMAT DE CANNES EN PROVENCE CONSIDÉRÉ COMME SÉJOUR D'HIVER POUR LES MALADES.

Le climat de Cannes est le résultat de diverses causes tout à fait exceptionnelles et entièrement subordonnées à la configuration du magnifique bassin dans lequel ce pays est placé, car sa position comme latitude est absolument la même que celle de plusieurs villes du midi de la France, où l'on n'envoie que bien rarement des malades pour passer l'hiver. Quelle est donc la cause qui a mis en évidence les qualités remarquables de ce climat si longtemps inconnu, et qui s'arroge tant de prétentions aujourd'hui?

C'est au géologue et au botaniste à nous répondre ; et, d'ailleurs, quand l'étranger arrive au sommet des magnifiques montagnes de l'Estérel, et que son œil embrasse cette vaste serre chaude naturelle, étendue à ses pieds dans un état de verdure perpétuelle, baignée par les eaux limpides et bleues de la Méditerranée, il est tenté de croire qu'il a quitté l'Europe pour entrer dans une zone éloignée ; et l'imagination peut faire supposer que cette contrée a été oubliée lorsque l'Afrique fut violemment séparée de l'Europe par les grands cataclysmes naturels, lui laissant son aspect oriental et son climat privilégié.

L'aloès avec sa haute tige en pleine floraison, le palmier, l'odorant cassier, l'oranger couvert de fleurs et de fruits dans toutes les saisons, les géraniums et les rosiers en pleine terre, tout ce luxe de végétation nous montre qu'il y a en dehors de nos échelles thermométriques et hygrométriques, indépendamment de nos longitudes et de nos latitudes, quelque autre chose à rechercher dans l'appréciation que nous avons à faire des qualités spécifiques du climat.

Les renseignements précieux que nous fournissent aujourd'hui les recherches minutieuses de tant d'hommes éclairés prouvent jusqu'à l'évidence que l'habitation de certaines localités influe éminemment sur toute question sanitaire.

Or le territoire de Cannes se trouve dans les conditions les plus heureuses sous tous les points de vue : les terrains qui environnent ce pays sont très-accidentés, et, par leur perméabilité, empêchent la formation des flaques d'eau stagnante; la boue y est presque impossible et permet la promenade pendant toute la saison d'hiver, au milieu des riantes campagnes qui entourent la ville; les hauteurs qui l'environnent sont peuplées de diverses espèces de pins, qui, par leurs émanations balsamiques, modifient souvent d'une manière heureuse certaines affections de poitrine.

Le sol est sablonneux, formé de détritus, de roches porphyriques, de micaschistes et de granits, dont les couches tendent plutôt vers la ligne verticale que vers la position horizontale. Si l'on excepte la magnifique plaine fertile située à l'ouest, traversée par plusieurs cours d'eau rapides, il n'y a point de bas-fonds, et, nulle part, de nappes d'eau stagnantes. Les vents tourmentent peu cette contrée, garantie au nord par les hautes montagnes calcaires jurassiques, qui la séparent de la chaîne des Alpes maritimes.

Les hauteurs boisées de l'Estérel et les autres chaînes porphyriques, qui s'étendent à l'ouest et à l'est, défendent le pays des vents ordinaires; le mistral, qui désole toute la Provence, ne se fait sentir que lorsqu'il souffle à l'état de tempête dans les autres pays. Le vent de bise doit être très-violent ailleurs, pour que ses rigueurs se fassent sentir dans ces contrées privilégiées.

Les vents du sud-est agitent quelquefois la mer vers le large, et l'on peut apercevoir les vagues monstrueuses qui courent à l'horizon, pendant que le golfe de Cannes est calme et peu agité : ce n'est que lorsque l'orage continue au dehors, et que les grandes masses d'eau sont mises en mouvement, que l'on jouit du spectacle d'une tempête à la mer, sans être incommodé par le vent, qui n'arrive que rarement jusqu'à la plage. Si la profondeur était suffisante, il serait difficile de rencontrer un port si bien abrité et d'un accès aussi facile.

Voici quelques conditions sanitaires assez favorables que présente le pays de Cannes, comme séjour d'hiver pour les personnes malades : un sol sec, un climat doux, peu de vent, paysage beau, grandiose et varié, et, je dois ajouter, air exhilarant et tonique.

Cependant, il ne faut pas s'y méprendre, il y a quelques jours de gros temps qui amènent la pluie du côté de l'est et du nord-est; mais ils sont rares, de courte durée, et seulement à l'époque des équinoxes.

Des pluies bienfaisantes arrivent ordinairement en automne ; elles sont suivies d'une période de beaux jours jusqu'à la fin de décembre : c'est ce qu'on appelle dans le pays l'été de la Saint-Martin. Vers cette époque, les Alpes maritimes prennent leurs manteaux de neige, et forment avec la douce température dont on jouit à Cannes un contraste agréable.

La température descend alors pendant la nuit. Dans ce dernier cas, les cultivateurs s'inquiètent sur le sort de leurs plantes précieuses, et redoutent les vents et les pluies, également nuisibles à ces plantes exotiques aux frêles tempéraments de nos malades.

Pendant ces nuits calmes et sereines, lorsqu'il n'y a ni un nuage ni même une légère couche de vapeurs entre la terre et l'espace, la chaleur passe par radiation d'une haute température à une température plus basse : ces transitions subites nous font un devoir de recommander aux malades de se prémunir contre ces inconvénients, qui sont le propre de tous les pays chauds, et que l'on néglige malheureusement trop souvent.

En attendant que l'architecture nous vienne en aide pour nous préserver par des moyens extérieurs de cette déperdition rapide de calorique, nous recommandons aux malades d'user des moyens ordinaires pour éviter le refroidissement des nuits.

Un phénomène remarquable et d'une influence très-salutaire, c'est qu'au milieu de ces transitions de la chaleur atmosphérique la mer conserve une température de dix à quatorze degrés centigrade, modifiant ainsi par le rayonnement de son calorique l'intensité du froid, et adoucissant par ses légères vapeurs la sécheresse de l'air.

L'influence la plus essentielle de ce climat est due à la pureté des rayons solaires, qui arrivent directement du soleil avec toute leur force, sans être altéré par l'interposition des vapeurs atmosphériques.

C'est précisément contre cette puissante source de chaleur que le malade devra se prémunir pour éviter toute transition fâcheuse : il ne devra sortir que quelques heures après le lever du soleil, muni de son surtout et de son parasol doublé, afin de se garantir du froid à l'ombre, et de la chaleur des rayons solaires, qui donnent souvent une température assez élevée; moyennant cette simple précaution, les valétudinaires pourront sortir tous les jours et jouir de trois ou quatre heures d'agréable promenade, ce qui faisait dire à l'un de mes compatriotes : « Vous avez beau vous plaindre de votre hiver, il n'en est pas moins vrai que j'ai passé chez moi quatre saisons dans mon lit, et que je me promène tous les jours à Cannes. » Mais n'exagérons pas : à Cannes l'on n'est pas à Madère ni aux Bermudes, bien que la température de ces parages soit, à peu de chose près, la même; mais l'on est encore en Europe, en Provence, avec les inconvénients qui s'y rattachent, mais aussi avec le grand avantage d'avoir à nos portes un climat exceptionnellement bon, et qui nous fournira des ressources hygiéniques qu'il nous serait difficile de rencontrer ailleurs.

Les quelques jours sombres, qui sont l'épouvante des habitants du pays, qui aiment tant à voir briller leur ardent soleil, sont bien peu de chose pour nous, enfants des hivers brumeux ; la pluie même laisse peu d'évaporation, absorbée qu'elle est par la nature du sol, et permet la promenade dans les sentiers, sur les collines, et même sur les grandes routes, quelques heures après l'orage.

J'ai déjà dit un petit mot sur l'atmosphère, en la qualifiant d'exhilarante et tonique. Je crois devoir y revenir un instant, au risque de devenir ennuyeux.

Jusqu'à ces derniers temps, les chimistes avaient cru trouver peu de différence dans la constitution physique de l'air des différentes localités; mais aujourd'hui, par des analyses plus délicates et plus minutieuses, nos savants ont pu distinguer l'air impur des lieux infectés de celui constitué d'une manière normale, et déterminer avec précision les variations essentielles que produisent dans l'air atmosphérique les différentes proportions d'oxygène et les modifications de ce corps gazeux.

Quant à notre atmosphère, la question n'est pas de rechercher son plus ou moins de pureté, mais bien plutôt d'y signaler la présence de certaines substances qui peuvent en modifier les qualités physiques et agir dans certaines circonstances comme moyen curatif sur l'économie humaine.

Ainsi les recherches analytiques ont pu constater, dans l'air et dans les eaux que nous respirons ou que nous buvons sur nos côtes, la présence des chlorures et des bromures, et surtout de l'iode, qui peuvent apporter des modifications si puissantes et si utiles dans certains cas donnés.

Mais ce que la science ne nous a pas encore démontré, c'est l'action toute particulière que peuvent avoir sur les organes de la respiration les émanations balsamiques résineuses qui se dégagent de nos forêts de pins d'une manière continue, et qui constitue chez nous une véritable médication naturelle dans certaines maladies de poitrine.

De tout ce que je viens de dire, il ne sera pas difficile de conclure que le climat de Cannes ne convient pas à toutes sortes de maladies. Évidemment, là où il y a trop d'activité dans l'appareil sanguin ou trop de surexcitation dans le système nerveux, cet air tonique, cette grande clarté du jour, ce brillant reflet de la mer, ces tableaux variés, accidentés, sauvages, et offrant peu de repos à l'œil, sont des conditions peu favorables.

Cependant la plaine calcaire à l'ouest de Cannes offre un lieu de séjour plus approprié à ces sortes d'affections, l'air y est plus mou, le paysage plus calme, et la brise de mer y a peu d'accès.

En thèse générale, le séjour de Cannes conviendra éminemment à une foule de cas qui se présentent dans les grandes villes, où le travail, la peine, les soucis, altèrent bientôt les sources de la vie, ruinent les tempéraments, et offrent un sol accessible à une foule de maladies.

Les tempéraments lymphatiques, avec leurs suites fâcheuses, l'altération des divers tissus du corps, en obtiendront de bons résultats.

Les maladies scrofuleuses avec leurs engorgements rebelles, la catégorie si importante des affections de l'appareil respiratoire, telles que les maux de gorge chroniques, les bronchites chroniques, les simples engorgements des poumons, par suite de fluxion de poitrine;

La classe fâcheuse des maladies des membranes muqueuses de la vessie, de la matrice et des écoulements persistants, qui tarissent la santé;

Les rhumatismes froids et chroniques;

Les tempéraments chlorotiques et retardataires : toutes ces affections s'offrent pour signaler le type des maladies appelées à profiter des avantages du climat de Cannes.

Quant aux maladies de poitrine, à ce redoutable fléau qui tourmente tant de familles, nous sommes obligé de conclure que ce climat est souvent impuissant à réparer les ravages que cette cruelle maladie a déjà exercés sur les personnes qui arrivent presque toujours trop tard, et sur lesquelles les ressources de la médecine ou de ce climat restent sans effet.

Aussi conseillerons-nous dans ce cas de commencer le traitement au début de la maladie, et même, s'il était possible, lorsqu'elle est à peine soupçonnée : notre pratique nous a fourni des observations précieuses de guérison chez les sujets placés dans cette dernière catégorie.

Nous appelons l'attention des familles sur les avantages vraiment exceptionnels du climat de Cannes, dont l'influence se fera surtout sentir sur les jeunes filles frêles et délicates qui souffrent et végètent dans nos climats brumeux : transportées sur ce sol vivifiant, elles trouveront un milieu plus propre à leur développement.

Que dirons-nous de ces alliances de familles, que d'importantes questions d'intérêt semblent parfois excuser, sinon d'appeler l'attention de ces jeunes et éblouissants époux sur le choix de la localité où doit se développer leur future pépinière ?

Quelques années, quelques hivers sacrifiés sur l'autel de la vie privée, loin de l'éclat et des enivrements du monde, se trouveraient bien noblement récompensés par les résultats, et l'on pourrait espérer de voir renaître à la vie les rejetons de bien des races près de s'éteindre.

Si les quelques observations que vous me demandez sur le climat de Cannes, que j'ai été à même d'apprécier en ma qualité de médecin étranger, peuvent ajouter en quelque manière à l'utilité de votre ouvrage, je serai très-satisfait et je vous rendrai grâce de vouloir bien me fournir l'occasion de venir en aide à la cause commune.

Whitley,
DOCTEUR-MÉDECIN ANGLAIS.

FIN DES NOTICES MÉDICALES.

TABLE DES MATIÈRES

INTRODUCTION 1

CHAP. I. — Origine de Cannes. — Les Oxibiens et les Grecs. — Les Ligures, les Ibères et les Gaulois. — Mœurs, caractères, religion. — Les druides. 7

CHAP. II. — Invasion romaine dans la Ligurie gauloise. — Bataille d'Ægitna. — Fondation des comptoirs marseillais. — Néapolis. — Télonium. — Deuxième invasion romaine dans la Ligurie. — Teutomal. — Invasion des Kimris-Teutons. — Marius organise des greniers pour les subsistances de ses armées. — Grasse. — Auribeau. — Moyens de communications. — Pont romain sur la Siagne. — *Lou camin dei roumégouns*. — La Ligurie et les proconsuls romains. — César devant Marseille. — Fondation de Forum Julii. — Auguste. — La voie Aurélienne. — L'aqueduc romain. — *Roquo taillado*. — Le château de la Napoule. — Les Villeneuve. — Béatrix et Charles de France. — Athénopolis. — Aurélia. — La Sainte-Baume. — Diane Estérelle. — Saint Honorat, solitaire à la Sainte-Baume. — Une borne milliaire. — Agay. — La tour du Darmont. — Légende. — La reine Jeanne. — Les carrières romaines de la vallée de Boulouris. — Auguste et le druidisme. — Othon et Vitellius. — Marius Mathurus. — Bataille dans les plaines de Châteauneuf. — Un tumulus. — Le mont Saint-Cassien. — Bataille d'Othon et de Vitellius dans les plaines de Laval. 37

CHAP. III. — Le christianisme dans les Gaules. — Fondation des monastères. — Saint Honorat. — Chronique de Lérins. — Archéologie. — Le Masque de fer. — Ruines romaines. — Inscriptions. — Autels votifs à Neptune. — Mauronte. — Première invasion des Sarrasins dans l'île Saint-Honorat. — Les cinq cents martyrs. — Deuxième invasion. — Le repaire du Fraxinet. — Troisième invasion. — Le pape Honorius II. — Bertrand de Grasse. — Invasion des pirates génois dans l'île Saint-Honorat. — Expédition de la noblesse provençale contre les pirates. — Les Villeneuve. — Les Grimaldi. — Les comtes de Mouans. — Les Durand-Sartoux. — Le pape Adrien VI à Saint-Honorat. — La flotte de Charles-Quint aborde dans l'île. — L'amiral de la Fayette. — François Ier à Saint-Honorat. — Ses libéralités. — La châsse en vermeil. — André Doria. — Invasion des Espagnols dans les îles Sainte-Marguerite et Saint-Honorat. — Le duc de Ferrandines. — Saint-Marc-Chasteuil fortifie la Croisette. — Les Espagnols fortifient les deux îles. — Expédition de Louis XIII contre les Espagnols. — Malentendu entre le comte d'Arcourt et le maréchal de Vitry. — Voies de fait du maréchal de Vitry envers l'archevêque de

Bordeaux, à Cannes. — L'expédition est renvoyée. — Nouvelle expédition. — Réconciliation du maréchal de Vitry et du comte d'Arcourt. — Siége de l'île Sainte-Marguerite par les Français. — Capitulation. — Siége de Saint-Honorat. — Prise du château. — La noblesse provençale. — Le duc de Savoie et le prince Eugène passent le Var. — M. de la Mothe-Guérin, commandant du fort Sainte-Marguerite. — Défaite des Savoyards à Pégomas et à Auribeau. — Sécularisation de l'abbaye de Lérins. — Les reliques de saint Honorat. — Mademoiselle de Sainval, de la Comédie-Française, propriétaire de l'île. — Biographie. — Prisonniers d'État. — Lagrange-Chancel. — M. Omer de Talon. — La duchesse d'Escars. — M. de Broglie, évêque de Gand. — Les prisonniers arabes............ 99

CHAP. IV. — Les armées alliées. — Débarquement de l'Empereur au golfe Jouan. — Épisode de son passage. — Cambronne. — Drouot. — Bertrand. — Le prince de Monaco. — Lord Brougham et la grippe. — Les étrangers à Cannes. — Le château Éléonore-Louise. — Le général Taylor. — La villa Saint-Georges. — M. Voolfield. — La villa Victoria. — Lord Londesbourough. — Le château Sainte-Ursule. — La villa Leader et la famille Osten-Saken. — Le château gothique de la Bocca. — Le château Sainte-Marguerite. — La villa Desanges. — L'amiral Pakenham. — La villa du Rocher. — Une carrière romaine. — La villa Alba. — La villa Alexandra. — La villa Crookenden. — La villa de la comtesse d'Oxfort. — Jean de Riouffe. — Hommes illustres.......... 153

CHAP. V. — Promenades à faire. — Le Cannet. — La villa Sardou. — Rachel. — La Croix des Gardes. — Panorama. — Le pont de Gardanne. — Un mot sur M. Gardanne, contrebandier. — Légende. — Les Pointus, point de vue. — La porte des Pendus. — La colline de Vallauris, point de vue. — Vallauris. — La Montagne des Incourdoules. — La Cabro d'or. — Légende. — Fortifications gauloises. — Inscriptions romaines. — La montagne des Pleurs. — Étymologie du mot Incourdoule. — Pierre milliaire du règne de Tibère. — Antibes, le Cap, le puits Aimond, la Brèche osseuse. — Mouans-Sartoux, Pompée de Grasse. — Passage du duc de Savoie. — Siége du château. — Défense héroïque de Suzanne de Villeneuve. — Le Castelaras, inscriptions romaines. — Saint-Douat. — Grasse. — Toiles de Rubens et de Fragonard — Saint-Vallier. — Ruines gauloises et romaines. — Le pont à Dieu. — Saint-Césaire. — La Foux. — Saint-Féréol. — Ruine romaine. — La grotte de Mons. — Visite à l'aqueduc de Roquotaillado. — Le tombeau de la famille Sempronia. — Auribeau. — But de promenade dont il est question dans les chapitres précédents. — Renseignements utiles aux étrangers........ 173

Renseignements utiles aux étrangers............. 213

Notice médicale sur le climat de Cannes; par le docteur J. C. SÈVE, D. M. P., médecin en chef de l'hôpital civil et militaire de la ville de Cannes, des épidémies de l'arrondissement, membre de plusieurs sociétés savantes............. 219

Considérations médicales sur le climat de Cannes; par le docteur G. B. WHITLEY, médecin anglais de l'Université d'Édimbourg............. 239

FIN DE LA TABLE.

ERRATA.

Page 8, lignes 5, 11, 12, *au lieu de* par les, *lisez* à cause des; *supprimez le mot* bien; *au lieu de* soient, *lisez* sont.
— 19, ligne 20, *au lieu de* leurs, *lisez* ses.
— 21, ligne 21, *au lieu de* l'hôtel, *lisez* l'autel.
— 23, ligne 23, *au lieu de* leur, *lisez* sa.
— 24, ligne 21, *au lieu de* rendaient, *lisez* rendait.
— 25, lignes 3, 17, 20, *au lieu des mots* tirés, choisie, conservée, *lisez* tiré, choisi, conservées.
— 28, ligne 14, *au lieu de* dirigeaient, *lisez* dirigèrent.
— 39, lignes 5, 8, *au lieu des mots* leurs, leur, *lisez* ses, son.
— 40, ligne 20, *au lieu de* Vollauris, *lisez* Vallauris.
— 42, lignes 9, 24, *au lieu des mots* commença, signala, *lisez* commence, signale.
— 52, ligne 12, *au lieu de* elles, *lisez* ils.
— 62, ligne 20, *au lieu de* auquel, *lisez* dans lequel.
— 67, ligne 2, *supprimez le mot* il.
— 82, ligne 7, *au lieu de* ses, *lisez* ces.
— 95, ligne 2, *au lieu de* colinne, *lisez* colline.
— 102, lignes 17, 18, *au lieu des mots* donnent, paraissent invraisemblables, *lisez* donne, paraît invraisemblable.
— 132, lignes 5, 6, 7, 18, *au lieu des mots* leurs, vivent, est, leurs, *lisez* leur, vivaient, était, ses.

CABINET DE LECTURE

W. MAILLAN
GRANDE RUE, A CANNES

VENTE D'OUVRAGES FRANÇAIS ET ÉTRANGERS

ABONNEMENT A LA LECTURE

Collection d'Ouvrages religieux

PAPETERIE ET ARTICLES DE BUREAUX
DE LUXE ET AUTRES

On trouve dans cette Librairie l'ouvrage indispensable aux Étrangers,
CANNES ET SES ENVIRONS

M. CONTINI
ARTISTE PEINTRE
Quai Saint-Pierre, à Cannes

Avertit les Étrangers qui désirent emporter un souvenir des jolis sites qui environnent notre pays qu'il a à leur disposition une collection complète de vues, soit à l'huile, soit à l'aquarelle, soit à gouache. Il fait également le portrait dans ces différents genres de peinture, et se recommande aux Étrangers par les nombreux pastels qui sont déjà sortis de son atelier.

NOTA. Ne pas attendre le dernier moment pour faire les commandes, afin que l'artiste ait le temps de soigner ses productions. On fait également les portraits et les vues par la photographie.

COURS DE DESSIN ET DE PEINTURE
40 fr. par mois.

ÉPICERIE ET COMESTIBLES

DENRÉES COLONIALES

J^H BARESTE

MAISON A PARIS

87, rue du Bac

SUCCURSALE A CANNES, SUR LA MARINE

ARTICLES DE PARIS — ARTICLES ANGLAIS

SUCRES, CAFÉS, THÉS, BOUGIES
PICKLES, SALAISONS, SAUCES ANGLAISES ASSORTIES
FRUITS SECS ET GLACÉS
CHOCOLATS DES MEILLEURES FABRIQUES, TAPIOKA, LÉGUMES SECS
PATES D'ITALIE
BISCUITS DE REIMS, PAIN D'ÉPICES DE CHARTRES ET DE DIJON
ETC., ETC.

SPÉCIALITÉ DE CAFÉS

MÉLANGE SPÉCIAL POUR LES AMATEURS

VINS FINS ET LIQUEURS

PARFUMERIE DE LUXE

Tous les articles en 1re qualité seront cotés au cours de Marseille, en chiffres connus

Rue du Bac, 87, à Paris

PESQUET-BARESTE

PRODUITS DE PROVENCE

MAISON SUCCURSALE ET D'ACHATS A CANNES

SUR LA MARINE

Indépendemment de tous les articles que nous tirons de la maison de Cannes[1], tels que : les Huiles d'olive, les Eaux de fleurs d'oranger, les Pommades, Essences, et en général toutes les productions du pays, depuis plusieurs années déjà nous avons joint à notre maison de Paris seulement

L'ENTREPOT GÉNÉRAL
DES CHAPEAUX ET ARTICLES DIVERS
EN PAILLE DE TOSCANE

Provenant directement de la Fabrique de

ANTOINE GONIN, DE FLORENCE

Placés à la source de fabrication, et sans le secours d'aucun intermédiaire, nous pouvons offrir dans les meilleures conditions le plus joli choix de

CHAPEAUX DE PAILLE D'ITALIE

IMMENSE QUANTITÉ DE CAPOTES A CORNETS DE TOUTES FINESSES POUR CHAPEAUX DE DAMES

Grand choix de Capelines pour Demoiselles de tout âge

CHAPEAUX FIORETTI POUR JARDINS

ASSORTIMENT DE CHAPEAUX D'HOMMES ET D'ENFANTS

ETC., ETC.

La réputation que nous nous sommes acquise est due aux Pailles vraiment merveilleuses que M. Gonin, de Florence, met à notre disposition, ainsi qu'à la modicité de nos prix, ce qui s'explique par notre position tout exceptionnelle.

ENGLISH SPOKEN

[1] Voir l'annonce précédente

A LOUER

NON MEUBLÉ

LA VILLA MARIE-CLAIRE

SITUATION

La situation est des plus agréables et hygiénique, à un kilomètre nord de la ville.

PANORAMA

Vue superbe de la mer, des îles Sainte-Marguerite, Saint-Honorat, du bassin de la Croisette et de la ville, au midi; entourée, à l'ouest, par les montagnes de Lestérel et de la Croix-des-Gardes; au nord, par les hauteurs de Mougins et du Cannet; à l'est, par celles de Vallauris et le golfe Juan.

CETTE VILLA

Se trouve au centre d'une propriété de quatre hectares de superficie (*clôturée*), complantée d'orangers, cassiers, arbres fruitiers, vignes, etc., etc.

PROMENADES

Un délicieux bosquet ayant accès, à l'ouest, par la route impériale de Cannes à Grasse, et, à l'est, par le chemin vicinal des Vallergues.

LA MAISON

La Maison se compose :

1° Caves et puits avec pompe en dehors;
2° REZ-DE-CHAUSSÉE. — Salon d'attente, salon de compagnie, salle à manger, salon de domestiques, cuisine avec dépenses, etc. ;
3° PREMIER ÉTAGE. — Cinq chambres, trois au midi, une à l'est, une à l'ouest ;
4° DEUXIÈME ÉTAGE. — Cinq chambres, trois au midi, une à l'est, une à l'ouest.

Cabinet inodore aux 1er et 2e étages.

CHAQUE CHAMBRE POSSÈDE UN CABINET DE TOILETTE BIEN ÉCLAIRÉ
ET DES PLACARDS

La location est fixée à DEUX MILLE FRANCS par an

Écrire ou s'adresser à M. COUET, propriétaire à Cannes.

GIRARD

PHARMACIEN DE L'ÉCOLE SPÉCIALE DE PARIS

ÉLÈVE DE CAVENTOU

Professeur à l'École de Pharmacie de Paris, ex-président de l'Académie impériale de Médecine

---

On trouve dans cette Maison, fondée en 1795, tous les produits nouveaux que la thérapeutique française et étrangère peut employer et qu'il serait trop long d'énumérer.

Le long exercice du titulaire dans les premières Pharmacies de Paris et dans plusieurs Laboratoires de chimie donne aux Étrangers toute espèce de garantie sur la fidélité avec laquelle les prescriptions des Médecins sont exécutées.

On trouve dans l'établissement un LABORATOIRE DE CHIMIE, où toutes les *analyses* sont faites avec une *rigoureuse exactitude*.

UN AMPHITHÉATRE

POUR

LES EMBAUMEMENTS

OU CES OPÉRATIONS DÉLICATES SONT EXÉCUTÉES JOURNELLEMENT

D'APRÈS LES PROCÉDÉS LES PLUS NOUVEAUX

NOTA. — M. GIRARD, auteur de l'ouvrage : CANNES ET SES ENVIRONS, se met à la disposition des Étrangers qui auraient besoin de toute espèce de renseignements sur la localité.

ESCARRAS-MAILLAN
FRÈRES
Grande Rue, 75, à Cannes

ÉPICERIES — DENRÉES COLONIALES

Cafés et Sucres de toutes qualités
Bougies des premières Fabriques, Légumes secs
Pâtes d'Antibes et de Gênes
Macaroni de Naples, première qualité

CHOCOLATS DES PREMIÈRES FABRIQUES
EAU-DE-VIE, COGNAC, RHUM ET LIQUEURS

CRISTAUX
DEMI-CRISTAUX ET VERRERIES ORDINAIRES
DE TOUTES QUALITÉS

Porcelaine blanche et décorée
Porcelaine opaque blanche et Faïence ordinaire, Veilleuses

QUINCAILLERIE FINE
POUR MEUBLES ET JOUETS D'ENFANTS

CHAUSSURES EN TOUT GENRE POUR FEMMES ET ENFANTS
CAOUTCHOUCS POUR HOMMES, FEMMES ET ENFANTS

ASSORTIMENT DE PARFUMERIE

M. Ch. PENSOTTI

ORGANISTE DE LA CATHÉDRALE

PROFESSEUR DE PIANO ET DE CHANT

Quai Saint-Pierre, 8, à Cannes

Tient à la disposition des Étrangers des Pianos de luxe et en tout genre à des prix modérés, soit pour location, soit à vendre.

Il se charge également de fournir de la musique aux mêmes conditios.

MODES ET LINGERIE

Mlle MAGAGNOSC

QUAI SAINT-PIERRE, A CANNES

Par les relations suivies qu'elle a avec la maison Hervieux et Potard, tient à la disposition du public élégant tous les objets de toilette que comporte sa profession. Elle se recommande par les nombreuses fournitures qu'elle a déjà faites aux Dames étrangères qui passent ordinairement la saison à Cannes et qui rendent justice à la tournure gracieuse et distinguée des coiffures qui sortent de ses ateliers.

EXPÉDITION, COMMISSION ET TRANSIT
FORMALITÉS EN DOUANE

A. DESCAMPS, PONS ET FILS

20, QUAI SAINT-PIERRE
A CANNES

MAISON A CETTE
(HÉRAULT)

Quai de Bosc, 14

MARSEILLE
Quai de la Joliette, 7

PRÈS LES CONSTRUCTIONS DE M. MIRÈS

POUR

LA RÉCEPTION DES MARCHANDISES

BUREAUX
RUE SUFFREN, 4, PRÈS LA BOURSE

TRANSPORTS A FORFAIT
POUR

PARIS, LONDRES, SAINT-PÉTERSBOURG
Et toutes les villes de l'Étranger.

A VENDRE
MUSÉE DE COQUILLES

Collection de M. MOUTON père, de Grasse
NATURALISTE

Cette Collection, citée dans les meilleurs ouvrages français et étrangers comme des plus complètes, convient à l'amateur qui voudrait trouver un musée tout fait, aussi bien qu'à la ville qui voudrait créer ou compléter un musée. Ce n'est point un ramassis de Coquilles comme on en rencontre souvent chez des amateurs qui ne considèrent cela que comme un objet de luxe, c'est une Collection qui forme un tout, classée avec un soin minutieux et une intelligence de la chose qui ont mérité à M. Mouton père la réputation de naturaliste habile et plein de savoir, pour me servir des propres expressions de nos premiers écrivains de cette science, Alcide d'Orbigny, l'abbé Dupuy, etc.; elle est le fruit de vingt-cinq années d'un travail assidu et éclairé, et elle était loin d'être faite dans un but de spéculation.

Toutes les Coquilles, classées par *genres*, par *espèces*, par *familles*, sont dans des boîtes avec les étiquettes portant le nom de la Coquille, le nom des auteurs qui l'ont décrite et le nom du pays où on la trouve. La Collection compte VINGT-CINQ MILLE sujets d'une fraîcheur et d'une conservation admirables, entre Coquilles terrestres, fluviatiles, d'eaux douces et marines, et la belle Collection des Fossiles, presque tous de nos terrains.

En citant cette Collection comme des plus complètes, on veut dire que toutes les Coquilles connues, dénommées ou décrites, y figurent depuis les plus communes jusqu'aux plus rares et aux plus chères.

M. MOUTON fils vendrait sur estimation par des experts choisis par l'acheteur

S'ADRESSER A LUI POUR LA VISITER

M. Jean GIRARD

ÉPICIER

Grand'Rue, à Vallauris

Tient à la disposition du public d'excellent Vin blanc mousseux du pays. Les soins tout particuliers qu'il apporte à cette fabrication ont donné à son produit une supériorité marquée sur les vins des mêmes crus qui ont dans nos pays une certaine réputation.

A LOUER
POUR LES QUARTIERS D'AUTOMNE ET D'HIVER
UN CHATEAU
FRAICHEMENT DÉCORÉ
ET MEUBLÉ

Situé au milieu d'un jardin, dans la plus riante position, à deux cents mètres du bord de la mer, à deux cents mètres de la ville de Cannes, par la route impériale; façade : cinq fenêtres au midi, huit chambres de maître, au premier; salle à manger, très-grand salon et beau vestibule au rez-de-chaussée; le tout précédé d'une belle terrasse ayant vue sur le golfe de la Napoule, les îles Lérins. Cette habitation, voisine de celle de lord Brougham, de celle de M. Woolfield et de celle de lord Londesbourough, réunit toutes les commodités désirables : puits excellent, écurie, remise à l'entrée du jardin.

LE TOUT POUR LE PRIX DE 2,400 FRANCS

S'adresser à Mme veuve MEISSONNIER, à Cannes.

Maison J. B. FABRE, rue d'Antibes, 18

A LOUER

TROIS

APPARTEMENTS MEUBLÉS

**AYANT VUE SUR LA MER
LES ILES DE LÉRINS, LA PRESQU'ILE DE LA CROISETTE
ET LE MAGNIFIQUE GOLFE DE CANNES**

Le premier appartement se compose de salon de compagnie, salle à manger, cuisine avec pompe et dépenses au rez-de-chaussée; exposition au midi, avec jardin; trois chambres de maître au midi, deux chambres au nord, au 1er étage, chambres de débarras avec combles.

Le deuxième appartement se compose de salon de compagnie, salle à manger, cuisine avec dépenses, pompe et cave au rez-de-chaussée, donnant également au midi, avec jardin; deux chambres au midi avec grand cabinet de toilette, trois chambres au nord au 1er étage.

Le troisième appartement, situé entièrement au rez-de-chaussée, donnant sur jardin au midi, se compose d'un salon avec grande alcôve fermée à deux lits, salle à manger, cuisine et chambres de domestiques.

Ces trois appartements sont dans la situation la plus agréable, très-confortablement meublés et à des prix très-modérés.

Dans le même local, mais complétement séparés, on trouve les **BAINS NOTRE-DAME**, où les Étrangers trouveront tout le confortable et toute la propreté désirable. Indépendamment des Bains ordinaires, on donne dans l'établissement des Bains de mer naturels, et généralement tous les Bains médicinaux.

SARTORY

(FRANÇOIS)

PLATRIER STUCATEUR

TIENT UN ASSORTIMENT D'ORNEMENTS

POUR

DÉCORER LES APPARTEMENTS ET LES ÉGLISES

ETC., ETC.

RUE DE FRÉJUS, 20

Maison MESNIL

MAISON MOUTON Fils

QUAI DU PORT, A CANNES

Cette Maison, sise au quartier de Saint-Roch, le plus abrité de tout le pays, domine toute la plage, la mer et le beau golfe de la Napoule, fermé par les monts Estérels, de réputation européenne ; elle est gracieusement assise en plein midi, à trois cents mètres environ de la mer qu'elle voit dans tout son développement, même du jardin ; elle est à quelques pas de l'église chrétienne apostolique romaine et du temple consacré au culte anglican, qu'a fait bâtir M. Woolfield ; elle est en outre contiguë au temple du culte français de M. l'Amiral Pakhemani. Elle a vue sur le château de lord Londesbourough et sur les constructions Woolfied, villa Victoria, et autres qui couronnent le golfe.

La Maison, avec tout le confortable voulu, a de cinq à sept lits de maître, selon le désir du locataire, et de deux à trois lits de domestiques. Toutes les pièces, moins une, sont au midi.

Il y a trois pièces de jardin toujours garnies de fleurs, de l'eau excellente (de source) et en abondance ; de plus, une fontaine d'eau vive, chose à apprécier dans le pays.

Prix : de 2,000 à 2,500 francs

SELON LES EXIGENCES DES LOCATAIRES

POUR LES SIX MOIS DE LA SAISON D'HIVER

TRAITER DE GRÉ A GRÉ POUR LA SAISON D'ÉTÉ

PARTIE DE TERRAIN A VENDRE

ADJACENT A LA MAISON ET TRÈS-PROPRE A BATIR

GRANDE MAISON

DE

NOUVEAUTÉS

BONNIARD et COLLOMB

Rue du Port, à Cannes

Cette Maison se recommande par la nombreuse clientèle d'Étrangers qu'elle a l'honneur de fournir, par la variété et le bon choix des marchandises que renferment ses magasins et par la modicité de ses prix.

En rapport avec les principales villes manufacturières depuis de longues années, elle peut offrir à sa clientèle les plus sérieux avantages.

A^{NE} PERRIER

TAPISSIER-DÉCORATEUR EN TOUS GENRES

Quai Saint-Pierre, 3, à Cannes

AMEUBLEMENT COMPLET

TEL QUE

Meubles, Siéges,
Chaises paille fine et rotin, Chaises pliant, simples et à dossier
Meubles
Ébénisterie ordinaire et de luxe
de la maison A. MARCHAND ET C. BASTARD, de Paris

ORNEMENTS POUR TENTURES

PASSEMENTERIE EN TOUS GENRES
DAMAS, LASTING ET VELOURS POUR MEUBLES, RIDEAUX MOUSSELINE
BRODÉS ET BROCHÉS
PERSES NOUVEAUTÉS DE TOUTES QUALITÉS

SOMMIERS ÉLASTIQUES EN TOUS GENRES

ARTICLES DE LITERIE
PRODUITS DES PREMIÈRES MAISONS DE PARIS
ET A JUSTE PRIX

M. PERRIER se recommande par les nombreuses fournitures
qu'il a déjà faites aux Étrangers.

EXPOSITION UNIVERSELLE DE 1855
MÉDAILLE

JOSEPH NÈGRE

CONFISEUR-DISTILLATEUR

Rue des Suisses, à Grasse (Var)

Assortiment complet de Dragées extra-fines, Fruits glacés, Fruits aux sirops, Compotes, Marmelades d'oranges, d'abricots, de coings, de prunes, Marrons glacés, Chocolats ouvragés de premier choix, Bonbons fondants, Pralines, Pastilles, etc., et généralement tout ce que fournit la Confiserie de plus succulent.

EAU DE FLEURS D'ORANGER DE PREMIÈRE QUALITÉ, EN BOUTEILLE

GRAND CHOIX DE CARTONNAGES POUR CADEAUX

OBJETS DE FANTAISIE — JOUETS D'ENFANTS DANS LE FIN

A LOUER

MAISON COURT

ROUTE DE FRÉJUS, 12

1° AU PREMIER. — Un joli appartement, composé de salle à manger, salon, deux chambres à coucher avec trois lits, cuisine, chambre de domestique, cabinet pour provisions, lieux à l'anglaise.

2° AU DEUXIÈME ÉTAGE. — La même disposition.

Des deux appartements la vue est magnifique, en face de la mer, des îles et des montagnes d'Estérel. On peut louer les deux appartements réunis à la même famille, et alors il y aurait sept lits.

S'adresser ou écrire, pour la location, à M. CASSARINI
ROUTE DE FRÉJUS, 12

> Salut, beau ciel de ma patrie,
> Salut, ineffable harmonie....
> (E. Negrin, le *Beau Ciel de Cannes*.)

A LOUER
A CANNES

1° La jolie Maison meublée de BEL-AIR, villa située dans une riante position (*Chemin du Cannet*, 7), entourée d'orangers, d'oliviers, d'un parterre toujours vert, avec terrasses et allées. Elle est à un kilomètre, au nord, de la mer, et à cinq cents mètres de la ville. Cette Maison présente treize fenêtres au midi, et se compose : au REZ-DE-CHAUSSÉE, de salon, salle à manger et dépendances, cuisine, dépenses, buanderie ; AU PREMIER, de six lits de maître et trois pour domestiques, cabinet de toilette. — Vue de la mer. — Écurie et remise. — Route carrossable.

2° Le Pavillon de M. Gioan fils, situé à un kilomètre de la mer, au quartier des Ésabres, près de la route d'Italie, au milieu d'un beau jardin d'orangers et de cassiers à la fleur odorante, avec terrasse, d'où le point de vue est admirable.
Cette Maison présente quinze fenêtres au midi et se compose : au REZ-DE-CHAUSSÉE, de cuisine, office et chambre pour domestique ; AU PREMIER, de salon, cabinet et salle à manger ; AU DEUXIÈME, de deux chambres à coucher et deux cabinets ; au TROISIÈME, de deux chambres à coucher. — Chemin carrossable, belles allées.

S'ADRESSER, POUR PLUS AMPLES RENSEIGNEMENTS ET POUR LE PRIX

A Paris, à M. PESQUET-BARESTE, 87, rue du Bac.
A Cannes (Var), à M. G...., 31, rue du Port.

AU CHATEAU COURT

Mme Ve MAMY

FAMILY BOARDING HOUSE
(PENSION BOURGEOISE)

DANS UNE DES PLUS BELLES POSITIONS DE CANNES

VUE DE LA MER

TOUS LES APPARTEMENTS DONNENT AU MIDI

Salon de compagnie pour les Pensionnaires, Piano, Journaux anglais et français
Bibliothèque.

PARIS. — IMP. SIMON RAÇON ET COMP., RUE D'ERFURTH, 1.

www.ingramcontent.com/pod-product-compliance
Lightning Source LLC
Chambersburg PA
CBHW050640170426
43200CB00008B/1094